南無本師釋迦牟尼佛

宣公上人德相

慈悲普度信者得救成正覺

過化存神禮之獲福悟無生

The Venerable Master Hsuan Hua

His kindness and compassion cross over all; Believers are liberated and perfect the Right Enlightenment.
Transforming beings wherever he goes, his spirit remains intact;
Those who venerate him obtain blessings and awaken to the Unproduced.

世紀末警鐘

——宣化上人語錄（一）

出版　法界佛教大學
　　　佛經翻譯委員會
　　　美國佛教總會

記錄　佛經翻譯委員會

人間生佛

石齋居士敬題

東北時期

願一切眾生，見我面，乃至聞我名，
悉發菩提心，速得成佛道。

宣化上人簡傳

東北時期

宣公上人，東北吉林省雙城縣人，民初戊午年農曆三月十六日生。俗姓白，名玉書，又名玉禧。父富海公，一生勤儉治家，以務農爲業。母胡太夫人，生前茹素念佛，數十年如一日；懷上人時，曾向佛菩薩祈願，生上人前夕，夢見阿彌陀佛大放光明，遂生上人。

上人生性沉默寡言，天賦俠義心腸，幼年即隨母親茹素念佛。年十一，見鄰居一死嬰，感生死事大，無常迅速，毅然有出家之志。十二歲，聞雙城王孝子——上常下仁大師，盡孝得道，發願效法。懺悔過去不孝父母，決定每日早晚向父母叩頭認錯，以報親恩，自此漸以孝行見稱，人稱「白孝子」。

十五歲皈依上常下智老和尚爲師。同年入學，於四書五經、諸子百家、醫卜星相等，無不貫通。求學期間，參加道德會等慈善團體；又爲不識字者，講《六祖壇經》、

《金剛經》等；爲貧寒者，創辦義務學校。

十九歲母親逝世，遂禮請三緣寺上常下智老和尚爲剃度，法名安慈，字度輪。並披緇結廬於母親墓旁，守孝期間，發十八大願，拜華嚴、禮淨懺、修禪定、習教觀、日一食、夜不臥，功夫日純，得鄉里人民之愛戴禮敬，其洗鍊精虔，感動諸佛菩薩、護法龍天，故靈異之事多不勝數，人稱奇僧。一日打坐，見六祖大師至茅棚，告曰：「將來你會到西方，所遇之人無量無邊，教化眾生，如恆河沙，不可悉數，此是西方佛法崛起之徵象。」言畢，忽而不見。守孝期滿，隱居於長白山支脈彌陀洞內修苦行。後回三緣寺，爲首座。居東北期間，觀機逗教，點化迷蒙，濟世活人，感化無量龍蛇、狐狸、鬼神，求皈受戒，改惡修善。

一九四六年，慕虛雲老和尚爲宗門泰斗，遂束裝就道，前往參禮。途中備經艱苦，蹤跡徧及內陸各大梵剎，一九四七年赴普陀山受具足戒，一九四八年抵廣州曹溪南華寺，禮虛雲老和尚，受命任南華寺戒律學院監學，後轉任教務主任。雲公觀其爲法門龍象，乃傳授法脈，賜法號宣化，遂爲溈仰宗第九代接法人，摩訶迦葉初祖傳承之第四十五代。

香江演教

一九四九年，叩別虛雲老和尚，赴香港弘法，闡揚禪、教、律、密、淨五宗並重，打破門戶之見。並重建古剎、印經造像，成立西樂園寺、慈興禪寺、佛教講堂。居港十餘年間，應眾生懇請，普結法緣，相續開講大乘經典多部，舉辦佛七、禪七、拜懺等法會，又創辦《心法》雜誌等，終日爲弘揚大法而奔忙，使佛法興於香江。其間亦曾數度赴泰國、緬甸等地，考察南傳佛教，志欲溝通大小乘，以團結佛教力量。

大法西傳

一九五九年，師觀察西方機緣成熟，爲將佛教之眞實義理傳播至世界各地，遂令弟子在美成立中美佛教總會（法界佛教總會前身）。一九六一年，赴澳洲弘法一年，以機緣未熟，一九六二年返港。同年應美國佛教人士邀請，隻身赴美，樹正法幢於三藩市佛教講堂。初住無窗之潮濕地窖，猶如墳墓，故自號「墓中僧」。時值美蘇兩國有古巴飛彈危機之事，爲求戰爭不起，世界和平，故絕食五星期。絕食畢，危機遂解。

一九六八年，成立暑假楞嚴講修班，有華盛頓州州立大學學生三十餘人，遠來學習佛法。結業後，美籍青年五人，懇求剃度出家，創美國佛教史始有僧相之記錄。隨著日益擴大的僧團，原有的佛教講堂不足敷用，遂於一九七〇年成立金山禪寺。一九七六年購置國際性大道場萬佛聖城。爾後金輪聖寺、金峰聖寺、華嚴聖寺、金佛聖寺、法界聖城等各分支道場相繼成立。上人不餘其力致力於弘法、譯經、教育等事業，廣建道場、培植人才、訂立宗旨。集四眾之眞誠，盡未來際劫，徧虛空法界，光大如來正法家業。

在弘法方面，上人教導弟子天天參禪打坐、念佛、拜懺、研究經典、嚴持戒律、日中一食、衣不離體，和合共住，互相砥礪，在西方建立行持正法之僧團，以圖匡扶正教，令正法久住。又開放萬佛聖城爲國際性宗教中心，提倡融合南北傳佛教，團結世界宗教，大家互相學習，溝通合作，共同追求眞理，爲世界和平而努力。

「只要我有一口氣在，就要講經說法。」上人講經說法，深入淺出，數十年如一日。並極力栽培四眾弘法人才；觀機逗教，化導東西方善信。多次率團至各大學，及世界各國弘法訪問，以期引導眾生改惡向善，開啓本有智慧。

在譯經方面，現已有百餘本譯爲英文，中英文雙語佛書也陸續在出版中。另有西班牙文、越南文、日文等譯本，法文、德文譯本則指日可待。預計將《大藏經》譯成各國文字，使佛法傳遍寰宇。近三十年歷史的《金剛菩提海》雜誌先是純英文版，後逐漸演變爲中英對照月刊，今共發行了三百多期。至於中文佛書更是接踵而出，不下百部，多種語言之錄音帶、錄影帶亦不斷發行中，以爲眾生聞法修行之良箴。

在教育方面，萬佛聖城設有育良小學、培德中學、法界佛教大學、僧伽居士訓練班等教育機構。分支道場於周末、周日亦附設佛學班、中文學校。這些融入佛教精神的教育機構以孝悌忠信、禮義廉恥八德，爲做人的基礎。以大公無私、慈悲喜捨爲究竟目標。男女分校，提倡義務教學，培養品格高尚、具備眞知灼見的人才，以期利益世界人類。

法輪無盡

上人一生大公無私，發願代眾生受一切苦難，將己身一切福樂迴向法界眾生，難行能行，難忍能忍，其堅貞之志節，堪爲疾風中之勁燭，烈火內之精金。上人曾撰一聯以明其志：

凍死不攀緣，餓死不化緣，窮死不求緣；
隨緣不變，不變隨緣，抱定我們三大宗旨。
捨命爲佛事，造命爲本事，正命爲僧事；
即事明理，明理即事，推行祖師一脈心傳。

上人又堅守一生奉行之六大條款：「不爭、不貪、不求、不自私、不自利、不打妄語」，利益群生；其慈悲智慧之教化，捨己爲人、以身作則之精神，令無數人眞誠改過，走向清淨光明之菩提大道。

眾生障深福薄，一九九五年一代聖人遽爾示寂，娑婆眾生頓失依怙；然上人之一生，即是一部法界的華嚴大經，雖示現涅槃，而恒轉無盡法輪——不留痕跡，從虛空來，回到虛空去。弟子眾等唯有恪遵師教，抱定宗旨，在菩薩道上精進不懈，以期報上人浩瀚之深恩於萬一。

宣化上人十八大願

一、願盡虛空、徧法界、十方三世一切菩薩等，若有一未成佛時，我誓不取正覺。
二、願盡虛空、徧法界、十方三世一切緣覺等，若有一未成佛時，我誓不取正覺。
三、願盡虛空、徧法界、十方三世一切聲聞等，若有一未成佛時，我誓不取正覺。
四、願三界諸天人等，若有一未成佛時，我誓不取正覺。
五、願十方世界一切人等，若有一未成佛時，我誓不取正覺。
六、願天、人、一切阿修羅等，若有一未成佛時，我誓不取正覺。
七、願一切畜生界等，若有一未成佛時，我誓不取正覺。
八、願一切餓鬼界等，若有一未成佛時，我誓不取正覺。
九、願一切地獄界等，若有一未成佛，或地獄不空時，我誓不取正覺。
十、願凡是三界諸天、仙、人、阿修羅，飛潛動植、靈界龍畜、鬼神等眾，曾經皈依我者，若有一未成佛時，我誓不取正覺。

十一、願將我所應享受一切福樂，悉皆迴向，普施法界眾生。

十二、願將法界眾生所有一切苦難，悉皆與我一人代受。

十三、願分靈無數，普入一切不信佛法眾生心，令其改惡向善，悔過自新，皈依三寶，究竟作佛。

十四、願一切眾生，見我面，乃至聞我名，悉發菩提心，速得成佛道。

十五、願恪遵佛制，實行日中一食。

十六、願覺諸有情，普攝群機。

十七、願此生即得五眼六通，飛行自在。

十八、願一切求願，必獲滿足。

結云：眾生無邊誓願度
煩惱無盡誓願斷
法門無量誓願學
佛道無上誓願成

宇宙白

此首「宇宙白」，乃一九七二年二月十五日宣公上人所作。當時金山禪寺舉行誦念「六字大明咒」法會，四眾弟子，二十四小時不停地虔誠持誦，無有倦怠，以祈禱世界和平。待七天法會圓滿之後，上人有感而作此首「宇宙白」。「宇宙白」表示整個宇宙都清淨了，沒有染污了，都變成光明潔白的了。但要宇宙沒有染污，必須勇猛精進，從「流血汗，不休息」做起。

冰天雪地
無數條小蟲凍斃　且蟄眠
靜裏觀察　動中審諦
龍爭虎鬥常遊戲　鬼哭神嚎幻化奇
眞實義絕言　不思議　當進趨
大小泯　內外非

微塵徧　法界周
圀圇個圓融　互相無礙
雙拳打破虛空蓋　一口吞盡刹海源
大慈悲普度
流血汗　不休息

宇宙白

一九八二年七月十六日

勤修戒定慧

息滅貪瞋痴

宣化書

世紀末警鐘

開經偈

無上甚深微妙法
百千萬劫難遭遇
我今見聞得受持
願解如來真實義

世紀末警鐘

宣公上人語錄

★ 人為什麼都是糊裡糊塗的？因為他們一點也不曉得自己從哪裡來，還到哪裡去。每天在鏡子裡所照的形相，不是真正的你呀！假使想知道自己的本來面目，必須迴光返照，反求諸己。世人都被五欲迷住了。每天被財色名食睡的鎖鍊縛得透不過氣來，還心甘情願地做它的奴隸。

★ 我們人的貪心，比天還高，比地還厚，比海也更深，無底的洞，什麼時候也填不滿。

★ 人無道德，就是真正的貧窮。

★ 本有的珍寶，要到哪裡找回來呢？要在《華嚴經》。所謂「不讀《華嚴經》，不知佛之富貴」，《華嚴經》是經王中之王。

★ 如果用貪瞋癡三毒來處理事情的話，那麼，就會天昏地暗發生災難。如果用戒定慧來處理事情，天會清、地會寧，發生吉祥，所以說，惡人多的地方，災難就重；善

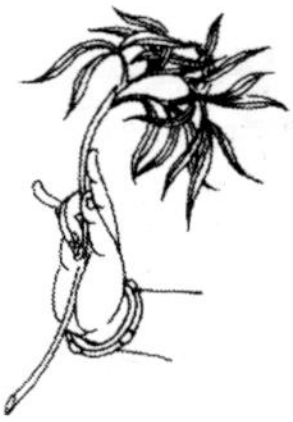

人多的地方，吉祥增加。總而言之，災難或吉祥，都在人為。

★ 人不成佛，就是因為儘在口頭禪上用功夫。

★ 一切法皆是佛法，皆不可得。世界上萬事萬物都在說法，都在講經。我們把每一個人自己那一部經念好了，背熟了，不要錯因果，那是真經真典。

★ 你儘看人家不對，就是自己有苦，你若沒有苦了，見到誰都是佛；見到人人都像佛似的。很簡單，很淺顯，就是你做不到。

★ 人不是為吃飯而活著，人活著應有功於世，有德於民，有利於天下，人應「慈悲代天宣化，忠孝為國救民。」

★ 一日無過可改，即一日無功可進。

★煩惱即菩提，就是說你在有煩惱的時候，你要能沒有煩惱了，你能認識了，那就是菩提了。不要把那個煩惱放下了，然後另找一個菩提。

★愛死病，是亡國滅種的一種病，我希望我們中國不要亡國，不要跟西方學這一類的行為。

★學佛的人，要節欲，要清心寡欲，不要宣欲，這是要緊的，這是健康根本的問題。

★你們今天能夠皈依三寶，皆是往昔種的大善根，今生才能遇到一起。遇到一起，大家都要發菩提心，不要做佛教中的蟲子，不要做佛教的敗類。有人譭謗佛教，不要和人去辯論，要以實際行動來修行。以修行來證明佛教，不是以口頭禪來讓人相信，要躬行實踐。

★世界的戰爭，是由我們心裡小的戰爭引起，所謂「天下興亡，匹夫有責」，不能說這是他們的事，不是我們的事。人人沒有戰爭，世界的戰爭就平息了。

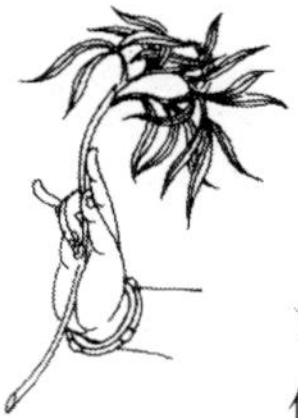

★不要把光向外照，要時時刻刻迴光返照，照照自己是個畜生？是個鬼？是個什麼？

★什麼是道德呢？就是以利益他人為主，以不妨礙他人為宗旨，也就是內心充滿仁、義、禮、智、信。

★我們為什麼和道不相應呢？就因為狂心沒有休息。

★所謂好，要從心做起。所謂壞，也要從心做起。

★貪瞋癡三毒，比鴉片煙、比酗酒、比最毒的砒霜都厲害。因為這些毒，是毒人有形的東西，譬如毒人身體；而貪瞋癡這三毒，是毒我們每一個人的法身慧命，所以這是最障道的。

★修佛法，即是諸惡莫作，眾善奉行。

★看破是明白，放下是解脫，解脫是自在。自不在，都是被賊侵犯，被境界轉。

★出家人若沒有錢，他還能修行，一有了錢，絕對不修行了，這是我敢保證的。

★真正的快樂，是無求的，「到無求處便無憂」。你無所求，這才是真正的快樂，真正自性的穩定、平安。

★眾生最大的毛病，便是癡愛，日夜在癡愛中，時刻不能放下。如果把好色之心放在學佛上，時刻不忘學佛，那就很快能成佛。

★要把你那些小聰明、小智慧都收起來，不要覺得自己什麼都明白，什麼都懂。如果你覺得什麼都明白，你就是沒有真正明白佛法的人。

★在萬佛聖城，誰也不可給人戴高帽，說些諂媚流俗拍馬屁的話。

★在道場裡，最醜陋的行為，就是不修行。誰不修行，將來就會墮落。

★修行就是要「養拙」，「拙」就是很笨的意思。修行要愈笨愈好，笨得什麼也不知，一點妄想也無。

★修行人不要有自己，把自己掉到垃圾堆去，處處為公家著想，要和光，以退為進，樣樣保守，不出風頭。一出風頭，就會有問題。

★如果飯菜不清淡，寧可不吃。出家人的責任是弘法，而不是應酬。

★在聖城，若師父來城時，你出席聽經，平常卻不來做早晚課，聽經也不隨喜，這就是自私，只來「拿」，不來布施，違背萬佛城基本精神。大家是一體，不能只私人活動，不顧全體大家。

★修道的敵人是誰？非魔王，而是自私心。若用自私心，萬事無成。就算有成，也屬

虛妄。

★用功修道的人，一秒鐘也不可打妄想，所謂「大事未明，如喪考妣。」生死大事沒有了，好像死了父母一樣的悲哀。

★佛法深如大海，必須勇猛精進，勤加修習，才能有所成就。

★修道要有正知正見，不可顛倒是非。黑白要分清楚，不可魚目混珠，不可濫竽充數，否則，就是邪知邪見，永不成佛。

★妄想，明明知道辦不到，為何還要打呢？明明知道是妄想，為何不收拾乾淨？這就是一般人的習氣毛病，明知故犯。說穿了，就是看不破，放不下，執東執西，著男著女，把寶貴光陰浪費掉了。

★慈悲源於自性，無須半點矯揉造作，不是故意去討好人，這就落於虛偽。人一天一

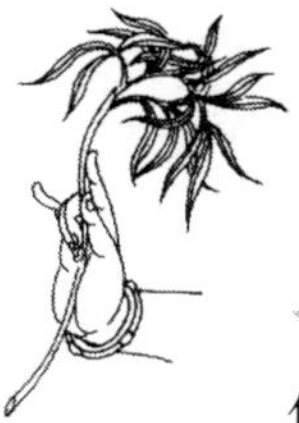

天長成，慢慢會懂得其理，心裡自然會生出慈悲，不用故意採取什麼行動。故意慈悲，流於諂媚；故意不慈悲，又變成冷淡。太過猶如不及，凡事要行中道，即是無心無念。

★ 學佛不用好高騖遠，只須在日常生活中體會。「平常心是道，直心是道場」，求遠必自近，求高必自低，就在日常一舉一動中，能鍛鍊自己與一般人不同，就是個好的佛教徒。

★ 佛教徒要注意因果，凡事要小心謹慎，不能隨便譭謗他人。

★ 一念不生，什麼鬼都不生。到什麼都沒有時，什麼都來了。佛菩薩都來了，為什麼？因為你什麼都沒有了，佛才來。你若還有，佛就不來。這時，盡己之性，盡人之性，物之性，天地之性。諸佛就是你；你就是諸佛。四相皆空，有何煩惱？

★ 你若懂了，事事都是「西來祖師意」；若不懂，「樣樣都生氣」。

★一念善，天地間就吉祥；
一念惡，天地間就有狂風暴雨。
所以每個國家的人民都良善，受持五戒，行十善，這國家就無事了。

★有真正修行人，佛法才興；若無，佛教則滅。

★修道，不要怕難，不怕苦，不怕沒有錢，不怕沒有飯吃。若怕了就不能修道。修道人與世人剛相反，世人求五欲，捨不了。

★若能忍慾，就是持戒；若不忍慾，就不是持戒。

★叢林生活，必先要守規矩。上殿、過堂，必定要參加，這比什麼其他工作更重要。要隨眾，不可別眾，否則不共住。

★你修道，不明白道，一邊修，就一邊丟；一邊叫你沒有愛慾，你這邊愛慾就更多一

點。一天到晚想這個愛，想這個慾，想這種不乾淨的東西。在你心裡頭，智慧水渾了，沒有智慧了，這是濁興起了。所以你就不明白道，修道修來修去，也不證果，也不見道，為什麼呢？就因為你有愛慾心；你若沒有愛慾心，很快就會見道了。

★

你若不用功，不修行，好像磨刀之石，不見其損，日有所虧。

★

無明就是一個黑暗的房子，你若有了智慧，這黑暗的房子也會變成光明了。這世間一個財，一個色，這兩種把很多修道的人都給害了。修道的人，放不下財，就貪財；放不下色，就貪色。你貪財好色，道業絕對不會成就的。

★

精足不冷，氣足不餓，神足不睏。

精氣神是三寶，和佛法僧是一樣的。

★

修道是「差之毫釐，謬之千里」，絲毫不能馬虎，若打一纖毫的妄想，律儀不修，道學不整，可能立刻招來嚴厲的果報及懲罰。

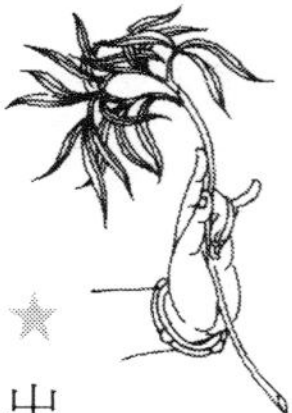

★出家是為了修清淨行，如果出家後，還不出塵，到處交際應酬，算是什麼樣的出家人呢？

★你不要那麼執著，帶那麼一些個累贅到你身上。什麼叫累贅呢？就是你那一些個習氣毛病。你有那一些個累贅，就拔不出腿來，就不能到彼岸。

★真正修道的人，到什麼地方也不希望人家給自己好菜吃，好地方住，不可有這種念頭，這是墮落的因。到什麼地方都要普普通通就可以，不可貪圖享受，不可人家對我好，我就高興；人家對我不好，我就不高興。

★誰能不發脾氣，誰能對佛教的道理就相應，能很順利的成佛。

★我們人都是捨本逐末，把修行放在第二位，把賺錢放在第一位，把根本的道理忘了，在末梢上用功夫。你賺錢只能維持你的生活，學習佛法是養你的法身慧命，增長你的智慧。你應選擇一部經，對機你就研究下去，不要天天只掛著去賺錢！

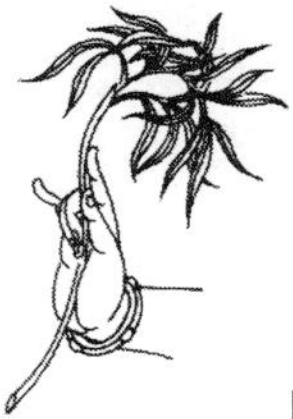

★學咒要先正心誠意，若心不正，學什麼咒都是邪的。心正了，學咒才有感應。

★你自性光明是沒有貪心，你的靈感上也沒有貪心，你的智慧上也沒有貪心。你有貪心，就等於一塊鏡子上面有了塵土一樣。所以我們用功的人，切記切記不要貪多，也不要貪快，也不要貪便宜。

★如果人心裡有鬼，就是人怕鬼。如果人心裡沒有鬼，就是鬼怕人。

★我們現在得到人身，若不藉著人身來修行，還等著什麼？等著把人身丟了，再想修行，那時來不及的。

★各位不要向遠處求。不要找什麼高深法門，無上甚深微妙法，聽見一唸這個開經偈，就找無上甚深微妙法。其實無上甚深微妙法離你太遠了，你根本一步還沒邁呢，為什麼就要捨近求遠呢？捨本逐末呢？你為什麼不在你的身邊，日用行為上用

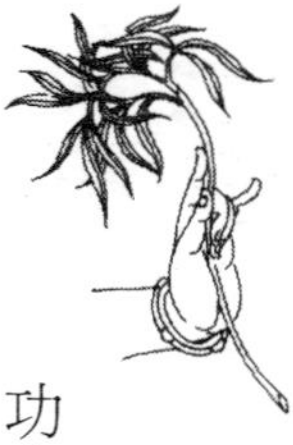

功夫呢？為什麼要跑到那麼遠呢？古人說：「道在邇而求諸遠，事在易而求諸難。」

★ 你真不打妄語了，叫天，天應；叫地，地靈。

★ 不爭、不貪、不求、不自私、不自利、不打妄想，這是最有效的修行方法。

★ 若犯淫戒，就容易犯殺戒，也容易犯偷戒，妄語戒。因此，犯淫戒，是殺盜妄都包括了。

★ 你為什麼煩惱？因你貪沒空，未看破放下，故「處處是荊棘，處處撞牆。」若能無四相，誰痛呢？連痛的人也沒有，煩惱從何來？

★ 要做法門的龍象，不要做法門的老鼠。

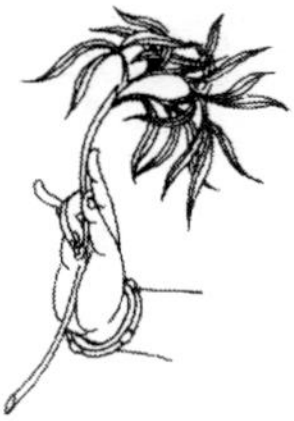

★天上有八萬四千個星斗，人有八萬四千個毛孔。我們人與每個世界皆相通。世界的毀壞是因為人有無明。天地間的空氣和每個人的空氣都是相通，空氣和空氣分不開。每個人的空氣，有他空氣的源路。

所有人存一善念，就補助天地間正氣的不足。每個人發一次脾氣，生一念煩惱，就增加宇宙間的戾氣。如儘用貪瞋癡處理事情，天地間的災難就多了。一人如此，多人如此。惡人聚集的地方，災難氣就多點，所以這世界哪個地方好，哪個地方壞，和我們每個人分不開的。

★世界的快樂是短暫的，究竟的快樂是永遠的，所以才要修道。

★學佛要學慈悲、道德、原諒人的人；不和人起對待，不和人起鬥爭。

★恭敬心把剛強的性情改變為和藹的性情，拜佛是拜自性佛，將來成佛也是成自性佛。

★ 古人說：「君子有造命之學。」有道德的人，正人君子，是可以改造命運，超出命數之外。為何不吉祥？就是心裡不吉祥，種下惡因當然有惡報，若能改過從善，便可趨吉避凶。

★ 人為什麼會有魔業？就因為在往昔不聽善知識的教導，不受善知識的告誡，自己盡打妄想，造惡業，所以這生常受魔業纏繞，事事不能遂心滿願。

★ 我向你們化大緣，就是化你們所有人的脾氣，所有人的無明、煩惱、瞋癡。

★ 萬佛城是大悲城，是楞嚴城，是萬聖城，堅固城，手眼城，正法久住城，是寶所城，是想要修行，求福求慧之城，是十方諸佛聚集之城。

★ 修行用功，疲倦也能忍受，這就是用功的一種誠心。

★ 修行不可以浪費施主的金錢，要儘量節省。如果浪費物質，貪享受，永遠也不會有

所成就，因為你不修福修慧。

★什麼是智？就是不自私。
什麼是妄想？就是自私。自私一起，妄想便來。

★自己是盡虛空遍法界，哪有個東西？無古無今，無上無下，無人無我，無眾生無壽者，人是由大光明藏變化出來的。

★佛教若要發揚光大，我們的眼光要看得遠，要把佛教推行到每一個國家，每一個角落，甚至於每粒微塵裡去。都要在那兒轉大法輪，教化眾生，令人人都能離苦得樂，了生脫死。

★修行修什麼？修行就是把我們的妄想修沒有了，慾念修沒有了，這就是有功夫了。

★人為什麼有憂愁恐懼？就是因為人有愛慾，所以才有憂愁恐懼；若把這愛慾斷了，

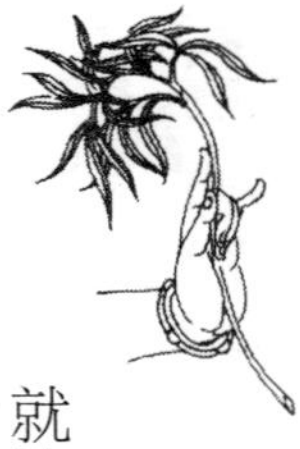

就沒有什麼憂愁恐懼了。

★男女相愛，究竟有什麼意思呢？相貌生得再好，都是革囊眾穢，裡邊裝的是屎、尿，九孔常流不淨，眼睛有眼眵出來，耳朵有耳垢，鼻子又有鼻涕，口又有口水，大小便等。你說這究竟哪個是乾淨的呢？

★假如你不修行，就是釋迦牟尼佛作你的師父也沒有用！

★我們念觀世音菩薩，不要一見到人，就看別人的不對。你儘找別人麻煩，是自己苦未了，苦根未斷盡。

★財欲令人顛倒；
色欲也令人顛倒；
名欲也令人顛倒；

食欲也令人顛倒；
睡欲也令人顛倒；
財色名食睡，這是地獄五條根，可是我們人人都把這個根紮得深深的。這個善根，他不往深的紮，財色名食睡這五種根，他往地裡頭紮，啊！紮了覺得還不夠深，還往地裡頭紮。

★

世界為什麼會毀滅？因為人們的善念少、惡念多的緣故。一念為善，天地增加正氣；一念為惡，天地增加戾氣。要轉戾氣為祥和。

★

修行要處處本著道德，以不妨礙道德為根本戒條。

★

誰對自己不慈悲，或不講道理，都是自己的善知識。能「逆來順受」，對橫逆能處之泰然，才見出你忍辱的功夫，不要因別人一句話就動了。你要修得「不動」，能忍人所不能忍，這才是真功夫，否則還須從頭練起。

★修道的人，好像水一樣，有謙卑心，不爭功，不貪德；好的給人家，壞的自己留著。

★人為什麼做人？就因為有愛，才到這五濁惡世來。若愛減輕了，就會生到其他世界中，如極樂世界或琉璃世界，或其他世界。古人說：「愛不重不生娑婆，業不空不生極樂。」

★精進是身精進、心精進。
身精進要誦經、禮懺、坐禪、持咒，要用身體來修行。
心精進就是念茲在茲，時時刻刻都要勤修戒定慧，息滅貪瞋癡。晝也精進，夜也精進，時時刻刻向前努力，不懶惰。時時刻刻念茲在茲的修行，向前勇猛精進、晝也精進，夜也精進，晝夜恆精進。我們修行，精進是非常重要的。我們不能不精進。你要不精進了，就不會成佛；要想成佛，就要精進。

★每個人的身體，就是個監獄，只是你不瞭解。

★觀世音菩薩是看裡邊，你是看外邊。觀世音菩薩是看自性；他的自性和每位眾生都有電波。哪個眾生在打什麼妄想，他都知道。

★人持戒，就是清淨自性，將自性黑暗一掃而空。

★用功，是不怕苦，不怕難，不怕疲倦，才會有成就。

★原子彈、氫氣彈、死光，它們的母親是誰？就是貪瞋癡。所以我們若把貪瞋癡息滅了，原子彈也不響了，氫氣彈也不炸了，死光也沒有用了。

★修行要天天保持像個秤似的，平衡下來，怎麼叫平衡下來呢？平衡就時時都要平平靜靜的，自性一點波浪也沒有，這就是煩惱即菩提，生死即涅槃。

★修道人要損之又損，以至於無；不要像世俗人，什麼都要多。

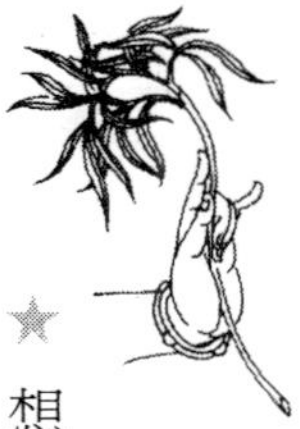

★想了生死，應該把生死二字掛在眉梢上，睜眼看見生死問題，閉眼不忘生死問題，要念茲在茲用功修行，才能了生死。

★我們學佛法的人，首先要去脾氣。你脾氣若不去，學多少佛法，都是種修羅因，將來結修羅果。

★修道的人，不是見到誰就把面孔板起來不理人，這是沒有禮貌的。所以出家人、在家人都應該學著對人有禮貌。你沒有禮貌，那就是沒有文化，總要文質彬彬的，不要那麼粗野。

★你能在一須臾之間不打妄想，清淨其心；久而久之，你的心便能湛然常寂。

★道德就等於日月，也等於天地，也等於人之性命。沒有道德就等於人沒有性命，沒有日月天地一樣。

★參禪也好，念佛也好，只要認真修行，都能出離生死關。到臨終時，身無痛苦，心無貪戀，如入禪定，含笑往生。

★修道人，要行所無事，積功累行，不可執著。

★你們皈依三寶，就是皈依佛、皈依法、皈依僧，還要皈依戒。皈依了，要深信三寶，在佛教裡，要做一些個有意義的事情，不要以貪心來信佛法。

★學佛法，主要是要有擇法眼。你沒有擇法眼，這個也相信，那個也相信，結果什麼也沒有成就。

★清淨，就是不要錢，也不要色。

★凡是教人發財的法，你看看他發財了沒有？若他是有錢，那就因為你要發財，你就把財都給了他，他就有錢了。就像賭股票似的，你先要買多少股票，然後你才能贏錢。也即是你先供養他，或者一千符，一萬，十萬，你就滿車庫裡都長滿了錢，又放什麼紅光？黃光？黑光？紫光？……這都是老千在那兒作怪哩！因為我不會傳發財的法，所以我要揭穿這個秘密。

★天災，不是天有災，天並沒有災，是我們人類受的劫。人禍是我們自己自作自受。

★修行不要到南山北海去找道，也不要到西天東土去找道，道就在你身上。所以不要到外邊去求，可是人卻是好高騖遠。

★人的性格是自私的；明知某事情不對，倘若對自己有利，還是照樣去做，所謂：

「勸君為善日無錢，有也無；
禍到臨頭用萬千，無也有；
若要與君談善事，去也忙；
一朝命盡喪黃泉，忙也去。」

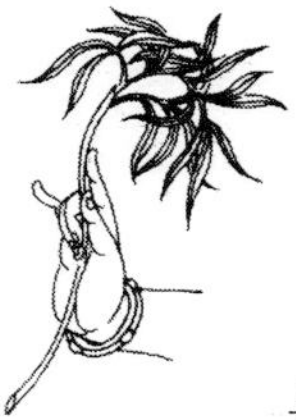

★學佛的人先要學吃虧，不佔他人便宜，任何事物都要捨離，因為能捨才能得。

★一切法皆是佛法，皆不可得，也可以說一切法皆不是佛法。總之，學佛要放下任何執著，掃一切法，離一切相，「凡所有相，皆是虛妄，皆不可得，若見諸相非相，即見如來。」

★學佛的人最忌有執著。未學佛之前，還沒有這麼多執著；學佛之後，執著反而更多。其實萬事萬物都在說法。你若明白了，便恍然貫通；若不明白，便愈執愈深，愈執愈迷了。

★每個佛教徒，都有責任把佛教興起來。

★世界上最大的業力，就是殺生；殺生的業報比甚麼都重的。互相殺，互相報復，這是世界最悲慘的一件事。

★修行人，就要修忍的功夫。忍熱忍寒，忍風忍雨，忍飢忍渴，忍罵忍打。學常不輕菩薩的精神，無論誰對我不好，也不生瞋恨心，以誠待人，他自然被感化，化干戈為玉帛。

★為什麼要修行？因為愚癡，儘做顛倒事，在輪迴中受苦，不得自在。

★人一生的命運，乃由業力所感。吾人不要被氣稟所拘，不要被物欲所蔽。要自己創造命運，把握命運。命運可以改造，多行功德事，自然遇難呈祥，逢凶化吉，所謂「且行好事，莫問前程。」

★人人皆知忍辱能到彼岸，但境界來了，就忍不住；無明火高三丈，將多年所積聚的功德，焚燒一乾二淨。

★觀自在就是菩薩；觀不自在就是凡夫。

★我們對誰都要好。要用慈悲喜捨四無量心，來對待一切人。對誰都要慈悲，他就是再壞的人，我都要對他慈悲，用慈悲心來感化他。這一次感化不來，等下一次再感化；這一生感化不來，發願來生我一定要把他感化得改惡向善。你看《華嚴經》上，菩薩發心，為了度一個眾生，跟著他幾個大劫，不論有甚麼坎坷、逆境，他也不退心，總要把這個人感化過來。

★我們想要成佛，一定要去欲斷愛，清心寡欲，才能開大智慧。

★修行，修什麼？修這個心。心要怎麼樣子呢？心要專一，所謂「得一萬事畢」。要修你的念專一，念要是專一了，才能開智慧；念要是不專一呢，那是向外馳求。

★修道的人，都要沒有脾氣。誰能沒有脾氣，誰就與道合一了，與法合一了。你沒有脾氣，就沒有瞋恨心了，沒有瞋恨心，就不愚癡了。為什麼我們愚癡？就因為我們瞋恨心重。脾氣上來，什麼也不怕；天也不怕，地也不怕，這個時候就撥無因果，顛倒黑白，做出很多不合戒律，不合法律，不合乎人情道理的事情。

★ 我們學佛的人，首先要勤修戒定慧，息滅貪瞋癡。這是要我們每一個人自己身體力行，躬行實踐，不是叫旁人去勤修戒定慧，息滅貪瞋癡，是要自己實實在在去做去。

★ 不要有那麼多的狂心、野心、癡心妄想，想一切亂七八糟的事情。這一些事對修道是沒有幫助的。

★ 你要把你那個糊塗明白了，就是反聞聞自性。

★ 修行一定要慈心下氣。「慈心」：對誰都有慈悲心。「下氣」：沒有貢高我慢，沒有四相的執著，把這一切執著都破了，才能行菩薩道。

★ 念不生氣的經，念不罵人的經，念不發脾氣的經，有這三種經，很快就成佛了。

★ 真正修道人，「舉動行為管自己，行住坐臥不離家。」不要做鏡子，專照人家，不照自己。

★修習禪定的人，隨時隨地都應該修習禪定，總是要收攝身心，不放逸，不散心。

★出家人是在家人的榜樣。你這個榜樣，若做得不好，在家人就都不生信心了，影響力也沒有了，所以出家人必須要有出家人的樣子。

★我們修行，吃的東西要淡而無味，沒有什麼味道，這才能去我們的執著，去我們的毛病。

★我們人要是不散失精氣神，那吃東西不吃東西，都不成什麼問題。就因為我們天天都在這個有漏的境界上轉，所以就需要吃東西。

★你要一門深入，坐禪的專心致志學禪宗，學教的就專心致志學教宗，

學律的就專門去學律宗，
想修密的就專門去學密宗，
修念佛法門，你就專心念佛，
念到一心不亂，絕對會往生西方極樂世界。你不要又要學禪宗，又要學教宗，又要學律宗，又要學密宗，又要學淨土。你貪多，你嚼不爛。要專一其心，用功修行，才能有所成就。你一個口，吃菜多，嚼不爛，太滿了，吃飯也不能吃了。學佛法也是這樣子，你要一步一步地循序漸進，不要貪快，所謂「欲速則不達」。

★ 真正忍辱，是在不如你的人，他的地位比你低下，他的智慧不如你，他的學問不如你，他一切一切都不如你，他對你不客氣，你能以忍耐，這才叫忍辱。這忍辱，不是忍地位比你高的人，比你地位高上，那是你向他的勢力屈服，不是真正的忍辱。

★ 發脾氣是惡；不發脾氣是善。

★學佛法的人，不要到外面南跑跑，東跑跑，西跑跑，北跑跑，四面跑跑，把光陰都浪費空過了。

★我們人為什麼有病？就因為平時不注重健康。少行淫欲，多做運動，就是健康的根本基礎。你若一天到晚行淫欲，不守規矩，你身體永遠不會健康的。

★物極必反，否極泰來；反者道之動，弱者道之用。你能在反面把好處找到，Everything is OK, no problem!

★在我們吃東西的時候，不論是生的也好，熟的也好；吃好吃的也好，吃壞的也好，不要執著它那個滋味。

★修道人處處要惜福節約，不浪費金錢物質，如此日積月累，才能培養出自己的德行，所生出來的枝葉才會茂盛，果實也將纍纍。如果不加肥料，不用功去培養灌溉，枝椏花果很容易就會枯槁而死，所以修道人第一戒條，就是「注重德行」。

★在這世界裡，要找假的，會把真的丟了；要找真的，先要放下假的。不能又想修出世法，又放不下世間法。

★佛教是提倡無我的宗教，不允許相面批八字的存在，更不相信風水，這些伎倆與佛法相違背，背道而馳，所以禁止流通。如果相信這種法，那就有「我」存在，一切為我所有，一切為我打算。有我無人，不合乎佛法。

★我講的法，都是很淺的，是什麼法？是吃飯、穿衣、睡覺的法。所以有人向我求法，我就教他少吃一點，穿少一點，睡少一點。因為「減衣增福、減食增壽、減睡增祿。」若能三星拱照，這不是佛法嗎？

★肝中若無火，何病都能躲，即此妙伽陀，亦被置高閣，娑婆訶！

★什麼是執著？就是不信因果，生了大執著；這一種執著一生出來就撥無因果，所以佛教徒必須要把因果認清楚了。

為什麼要深信因果？你如果不信因果，就不配做佛教徒；你如果不讀誦大乘經典，就不能開智慧。

★什麼是妄想？妄想就是欲念紛飛。

★精勤持戒要注意在人不見的地方，不是在人前精進，或人前持戒，而是要在獨自一人的時候，一人的地方，精勤持戒。

★今天修道，明天成佛，一鍬就想挖成井，沒有這種道理。修行是「鐵杵磨繡針，功到自然成。」

★我把佛教改為「心教」，因為人人有心，修行是要去妄心存真心。有妄心是凡夫，有真心是佛。

★參禪參到火候時，不但沒有妄想，而且脾氣也小了，煩惱也少了，人品高了，氣度

也大了。

★佛教的宗旨，人人可成佛。現在的眾生，是我們過去的父母，是未來的諸佛。如果對眾生發瞋恨心，等於瞋恨父母和諸佛，成為大逆不孝的人。

★我們在這種災病叢生的時候，要老老實實地用功修行，才能化這種戾氣為吉祥，令這種災劫化為平安。

★我們在這個生死裡邊想要了生死，就一定要用一番力量，不是就這麼容容易易可以了生死的。用力量，什麼力量？就是無論做什麼事情，都要往真的做，遇到坎坷逆境，還要不動心，不發脾氣，這就是栽培心上地；栽培你心上的那個地。涵養性中天；涵養你性裡頭的天。能以這樣子，我們補天地的正氣不足，才能是一個真正修道的人，真正信佛的人。

★看破就是明白，放下就是解脫。你能解脫了，才能真正有自在；你不能解脫，那就

沒有自在；自不在了。

★修行沒有旁的，只要在自己這個身心性命上用功夫。

★這個法，就是貪瞋癡、戒定慧。你硬想求玄找妙，那都是背道而馳的。這個道，是「平常心是道，直心是道場」。

★修道人切記！不要和任何人有污染的因緣，這樣會糾纏不清，令你墮落。

★我化緣是化大緣，不是化小緣。什麼叫化大緣？我化你那無明、脾氣、煩惱。你若沒有無明、煩惱、脾氣這三樣，這就是吉祥如意了；若有這三樣，那就是凶神惡煞了。所以各位！捨不了的要捨，捨得了的更要捨！捨了無明、脾氣、煩惱，你們就好了。

★修道的主要目的，為了生脫死，不是為求感應而修道。

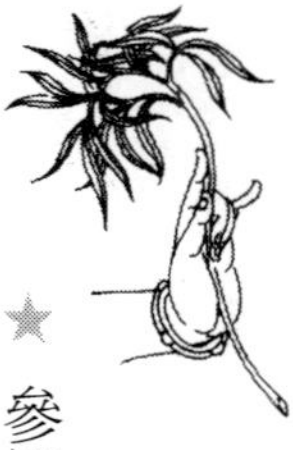

★參禪的人，要把根本問題認識清楚。什麼問題？就是習氣毛病。我們打禪七，就是打掉惡習氣、壞毛病。

★無論什麼事情，你認為它很平常，不是很重要的，就沒有麻煩。若是認為這是不得了的一件事，很重要的，那就麻煩了。

★修道就是要修真正道德，不妨礙他人，也不怕他人妨礙自己。

★修行最不容易的，就是要斷煩惱，斷不是硬斷，要變。把這個煩惱變成菩提。

★把這個財色名食睡都淡了，把它都淡忘了，這才是真正的修行人。

★極樂世界，亦是唯心所現。自心淨土，自性彌陀，沒有妄想，便成淨土；無煩惱、破無明、便是彌陀。

★道在專一，兵在精不在多。我們一舉一動，不離自心，群居守口，防六賊，不被六賊所轉。

★信佛不要有門戶之見，不要自以為是，以為自己有什麼了不起。一有這個念頭，就不堪造就！每個佛教徒，應包容一切，愛護一切，佛教裡沒有敵人。

★我們念觀世音，不要一天到晚打妄想：「早上沒有吃東西，晚上又沒有茶喝，這太苦了！受不了，快跑！」這真是沒有出息的修行人。

★你要是沒有忍，什麼法門也修不了。沒有忍耐心，常常覺得這樣也不對，那樣也不好，事事不如你的意。那麼，你能修什麼呢？道是沒有我見，沒有我執。

★修行人，就是修無我相。如果無我相，一切能忍受，境界來了，也不動心，自己把自己看成虛空一樣。境界來了，也是修行，逆境來了，也是修行。換言之，順境來了，也不生歡喜心，逆境來了，也不生憂愁心。無論順逆，要認識清楚。若能如如

不動，不會被境界所轉。若能了了常明，就能轉境界。

★出家人不搭衣，就等於還俗一樣的，和俗人沒有分別。並不是穿這個「長衫」，穿這彎彎領，就證明你是出家人了。不要説穿這彎彎領，就是搭著衣，你還天天總在犯戒，總在不老實，何況你不搭衣。不搭衣已經沒比丘相了。

★魔，他是幫助修道的，他不過在反面上來幫助，就看你到底志願堅不堅固。你若真堅固，千魔不改，萬魔不退，什麼也不怕的，因為你無所求！

★你若想養氣，就不要講那麼多的話。修行人不能寡言，那就不能修行；你不能養氣，就沒有法。你若儘講話，那就是把法都丟了。你法都丟了，看你還修什麼道呢？

★其實萬事萬物都在説法，桌子在説桌子的法，椅子在説椅子的法。萬事萬物都在轉法輪，人在轉人的法輪，貓在轉貓的法輪。

你若明白了，就聽到明白的法；
你若不明白，就聽到愚癡的法。

★不要被名利沖昏了頭，到死時仍然兩手空空，故曰：「莫待老來方學道，孤墳多是少年人。」

★佛教徒的毛病，是各自為政，互不關心，沒有人肯承認自己的錯處，反而互相排斥，撥弄是非。

★修行途中沒有一時刻可以懈怠。

修道必要持之以恒，不可間斷，否則縱修恒河沙劫，仍是烹沙求飯，無有是處。

★真正的無礙辯才，用不著任何雕琢，而是源於自性光明，如來智慧藏。刻意美飾名詞，反而會弄巧成拙。

古云：「聰明乃是陰騭助，陰騭引入聰明路，不使陰騭使聰明，聰明反被聰明

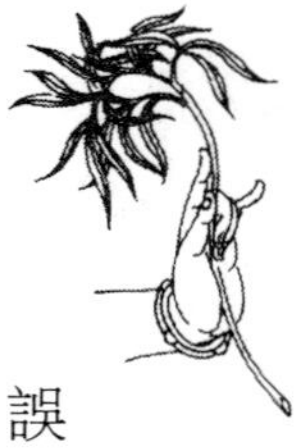

誤。」

★愛身，身不可以犯法。

愛家，家不可以破碎。

愛國，要為國家犧牲。

★戒殺不是說我吃吃齋，這就算戒殺了。不是說我親手沒有殺過生，這不算沒有犯殺戒，必須要你心裡對人不生瞋恨。

★你若有恐懼心，你就不想叫這魔來，他也會來了；你若沒有恐懼心，他要來也來不了了。這是最要緊的祕訣，就是不怕。

你若不怕，無所恐懼，這就是個正。正，什麼都可以降伏的，邪不勝正。所以那個魔，他所怕的，就是「正大光明」這四個字。

★明心的人不愚癡，

見性的人不憂愁，
心如明鏡，又心如止水。

★諸位要「隨緣消舊業，更莫造新殃。」

★凡是自滿的人，絕對不會有什麼成就的。人要有「有若無，實若虛」的思想。有高尚的道德，好像沒有一樣；有真正的才華，好像沒有一樣。

★現在，給你們說「六莫」：

1 坐莫動膝
2 立莫搖裙
3 行莫回頭
4 語莫現唇
5 喜莫大笑
6 怒莫高聲

所謂「思而後言，樂而後笑，義而後取。」

★這個世界一切的有為法，實實在在都是很危脆而不堅牢的。沒有什麼事情是永遠不壞，永遠不變的，一切事都是不堅固的。

★我們每一個人，如果常常有脾氣，常常發大無明火，這都是在魔的罥網裡頭。怎麼樣出去這個魔的罥網呢？這個方法很簡單，就是要沒有脾氣，不發火，沒有無明火，沒有脾氣，那就是出魔的罥網了。

★我們這個身體是假的，我們為什麼要那麼執著它？為什麼要為它而造罪業，而放不下呢？

★修道人必須要修遠離行，遠離財色名食睡，遠離一切惡，親近一切善。

★誰能把六根、六塵、六識這十八界降伏，令它們不造反，誰就是菩薩。

誰能把自己的感情收拾乾淨，沒有邋遢，誰就是菩薩。

★各位要清醒，覺悟人生無常，無常鬼隨時會來找你。屆時，「萬般帶不去，唯有業隨身。」如果再不用功，等到那一個大劫才有成就？

★你要知道「名」「利」兩個字，把世界上所有人都害死了。

★我們若能沒有貪欲，什麼麻煩都沒有；你有貪欲，什麼事情都發生出來了。世界萬事萬物萬類，什麼都是由這個貪欲生出來的。

★其實山妖水怪這回事，絕非空泛之談，但話又說回來，淨治其心，不存邪念，時刻都有天龍護身。牢守心頭，不留空隙，魔障又從何入手？

★有智慧的人，沒有煩惱。

★依真起妄，
妄盡真現，
妄不盡，真不現。

★學佛的人，不要聽到人家說句好話，就高興得不得了；聽到人家說句不好的話，就煩惱極了。這是沒有定力的表現。有定力的功夫，不會被八風的境界所搖動。

★你們時時刻刻都應該一心修行，時時刻刻都要勤求出離世間的這個道理。

★生死那麼危險，還要懶惰！若無其事，好像自己有定力，豈不是空過光陰！

★古來的大德高僧，往往都是來無影，去無蹤，
來也飄飄，去也飄飄，
來也風流，去也風流（他的風範永留於世），
來也無罣無礙，去也無罣無礙，

不如不來也不去。

★ 勤修戒定慧，就是君子上達；你息滅貪瞋癡，就不需要再下達了。

★ 魔很聰明的，他看這人有什麼貪心，魔就用什麼方法來誘惑你，所以我們修行人，也不用念什麼咒，也不必用什麼法，就老老實實的，不爭、不貪、不求、不自私、不自利、埋頭苦幹，好好修行，什麼魔也沒有辦法你。你一有貪心，一有僥倖心，想要佔便宜，找捷徑，就容易著魔的。

★ 染污心生出，就是娑婆世界。

★ 清淨心生出，就是極樂世界。琉璃世界及極樂世界，彼此沒有什麼分別。

★ 造廟不如造人，造人不如造佛。

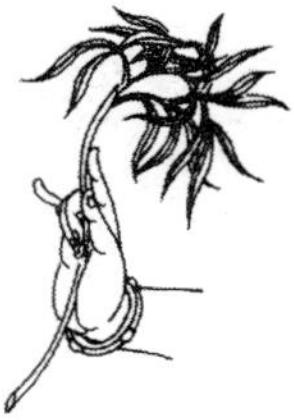

★要當機立斷，不要荏柔寡斷，拖拖拉拉的，把吉時良辰都錯過了；不要拖泥帶水，要快點斷煩惱，了生死。

★天地不可一日無和氣，人心不可一日無喜神。天天要把喜神請到心裡頭去，和喜神做伴，自己也就沒有煩惱了，這是修道人要緊的。

★我們要平息世界的戰爭，不能反對世界的戰爭，你有反對世界戰爭的心，你本身的戰爭又生出來了；你反對人家，反對任何的戰爭，你自己的這個戰爭就已經起來了。

★你不相信因果報應，輪到自己頭上，想逃避也逃避不了的。

★結跏趺坐，乃是教你容易入定。你能行時入定，坐不坐都可以的。入定的境界，沒有任何的妄想，心中一念不生，一塵不染。若能行住坐臥，一念不生，一塵不染，那就是在用功。並不一定是坐在那裡，才真是用功。

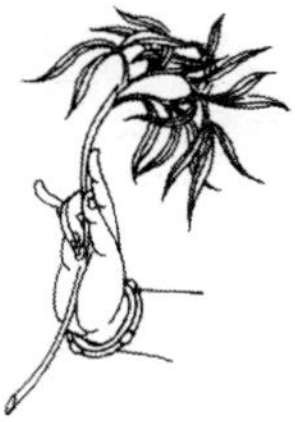

★不要為這些假相而顛倒。

★因果不可錯，修行不可停。

★真正修行的人，遠離名利，看富貴成為花間的露水，看功名成為瓦上的霜片，頃刻就消逝無蹤。若想測驗人是否有修行？就看他所行所作，是不是在名利上動腦筋。

★不哭不笑，就是有定力；沒有定力，才會又哭又笑。

★能常精進，就是在定中。能以隨緣不變，不變隨緣，就是金剛定。金剛定並沒有一個形相，它只是不壞的菩提心。

★我們若是明白七情—喜、怒、哀、懼、愛、惡、欲—可以降伏它，令它不興風作浪，這就是降伏其心。

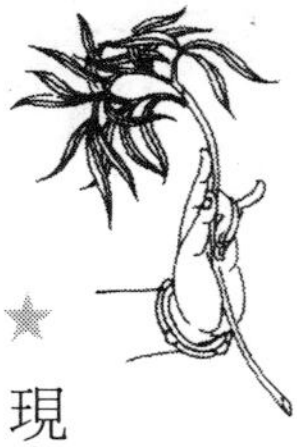

★現在最要緊的是：世上還有小鬼不知多少！為什麼有這麼多小鬼呢？就因為人墮胎墮得太多了，它還沒長成人形就把它殺了，小鬼的報復心更重，所以戒殺放生也包括不可以墮胎；這些小鬼不容易擺脫，所謂「閻王好見，小鬼難纏。」

★人的德行不夠，脾氣就很大，無明很重。若有德行，脾氣也沒有了，無明也化了，化成智慧，所以我們修行就要培植德行。

★人常以為自己比別人勝一籌，其實是身心未能空，總是執著我相。參禪的人，要去掉我相，不但無相，還要無心、無身。身心皆空，作「無心道人」。

★真正沒有妄想，就是往生極樂世界。沒有妄想，就沒有煩惱，就沒有痛苦，就是極樂世界。

★少欲知足，知足就沒有一切的麻煩來了。

★我們每個人不要光念《金剛經》、《彌陀經》、《法華經》、《楞嚴經》，你把自己的心經念正確就好了。心裡沒有妒嫉、沒有貢高、沒有我慢、沒有我相那麼重，沒有我見那麼深，這都是念真經；你要是有這些東西，雖然念經，你也不會念經了。

★有脾氣的人，就是苦；沒有脾氣的人，就是快樂。有脾氣的人，就有煩惱；沒有脾氣的人，常常歡喜。這個脾氣是我們最大的敵人。好像人生種種病，為什麼生的？因為有脾氣。一切事情不順利，為什麼？也因為有脾氣。所以人若能沒有脾氣，一切時、一切處，都是快樂的，都是平安的。

★想要修道，先要培德；沒有德行，就不能修道。

★修道要實在，有如抽絲，一點一點地抽，就不會亂。

★不要找科學的方法來開悟，不要自作聰明。

★每個人身上有無量無邊的眾生。如果你有貪心，你身上的小蟲子，也都有貪心。如有瞋心，每個小蟲子，也跟著有瞋心。本身的貪瞋癡，影響到本身的眾生，小蟲子又變成很多小蟲子，大蟲子又變成大蟲子，這也是千百億化身，所以修道人舉心動念要改變壞習氣，而修好的習氣。

★五蘊是束縛人的枷鎖，人被四大五蘊所遮蓋，才不能得到解脫。

★如果不和藹、謙恭，怎能救人？可能自己也救不了。

★我們作為同參道友，應互相勉勵，往菩提道上走，不要互相損害。我們要時時刻刻講說佛法，口不說非禮之言，身不作非禮之事。

★修行要迴光返照，不是叫你放光外照，叫旁人認識我。

★修道不爭沒有魔；一爭便有魔。

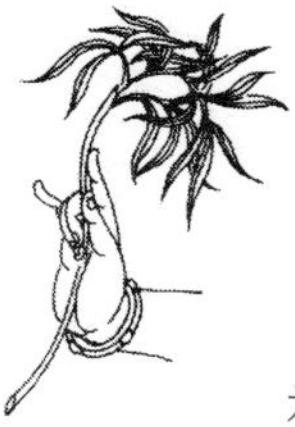

★人交朋友，一定要選擇良友、益友，不能互相狼狽為奸，以後大家一起墮落。

★未修好，光還很年輕。少光受不住風浪。光圓滿了；無欠無餘了，這時才可放光。現在正在修行階段，勿放光。

★人在世時，不好好修道，等到做馬做牛做豬做羊，想要修道也沒機會了。那時你跪在屠門口哀哭懺悔：「請你慈悲，不要殺我了！」屠夫還是照殺不誤。所以只聽屠門夜半聲，就知災劫是從何而來。

★修行不能隨便亂講話，否則便受啞吧的果報。

★地震，可以說是人震，因為人與地通著。人震，地就震；人不震，地也不震。你歡喜，是地震。發脾氣，是地震；悲哀、恐懼、愛、惡都是地震。有欲念，情情愛愛更是大地震。裡面動，外面才動；有裡面的地震，才有外面的地震，互有連帶關係。

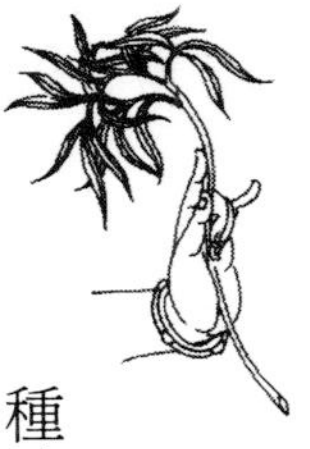

種地震因，結地震果。種因時不怕，結果時都嚇死了！

★修行只需埋頭苦幹。

★用功修行的方法，就是念念迴光返照，不是念什麼咒，而是行住坐臥不離「家」，不到外面去找，也不是在書中找。要注意這個〇。真正體會了，什麼都不貪，因為自己本來就具足。這個〇就是「真空」，從中又產生「妙有」。故要「諸惡莫作（真空），眾善奉行（妙有）。」戒律是供人修行的箴規。若得到〇，一切業障本空，也無罪，也無福。

★魔是四面八方來考驗，在人我是非，喜怒哀樂上用功夫，魔便乘虛而入。

★要生極樂，要把感情收拾乾淨。

★世界上為何有戰爭？就始於人吃肉，也就是人吃人。

★所謂「見吾過者是吾師」，能說出我們毛病的這個人，就是我們的善知識，應該感謝他，不可仇視。

★「迷人信風水，智人信心水。」，一切唯心造。
「世人皆言學在山，豈不知學在方寸間」。
有德行，風水自然好，因為心好。
智人看理，不看事；愚癡的人看事，不看理。
「若人欲了知，三世一切佛，應觀法界性，一切唯心造。」

★想要學智慧，先要不罵人、不打人、不殺人，不去害人去。

★吾人皆要有功於世，有利於世。若儘想利益自己，願意自在，這都不是做人的意義。

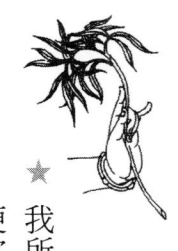

★我所懂的知識是什麼？就是多吃虧，不佔便宜。你若真明白了，便知道吃虧即是佔便宜；佔便宜就是吃虧。

★小毛病並不容易改，但改了小毛病，即會有定力。

★人生最樂莫如發財，但要用心機去保管它，怎樣能使它不丟，常常作為自己的。天天都去摸，但無論有多少錢，死後也帶不去，兩手空空，你說這有什麼快樂！

★我們被業所牽，所謂「身不由己」，而生到這世上來還報，因為往昔所造的業不同，所以今生就受不同的報，所謂「業網相織」。

★做鬼事，就是鬼；
做人事，就是人；
做佛事，就是佛。

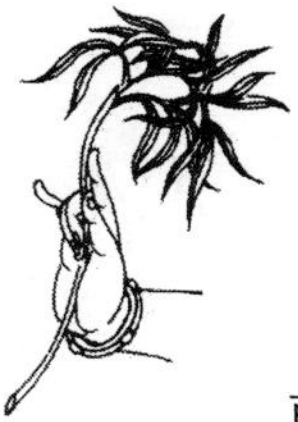

★我們現在能聽見《大悲咒》的名字，自己都要生一種歡喜的心，生一種慶幸的心，生一種難遭難遇的心！你不容易遇見《大悲咒》啊！遇到《大悲咒》，切記不要輕易就把它放過去！

★我們學佛的人，要拿出點時間來學習佛法，不要似懂非懂的，似通不通的。或者我不懂了，我就不願意懂了；我不通，我就不願意通了，這樣是中道自劃，裹足不前，這是自誤前途。

★我們初發心修行，最障礙我們用功的，就是男貪女、女貪男的淫慾心，這是最根本的問題。

★講經就是修慧；打坐就是修定；不亂講話就是修戒。

★我們人生在世，要及時行善，有一口氣，有一點力量，就要行善積德，不要僅藉著前生所種下來的善根，享盡今生的福報。

★修行人若怕孤獨，那就不能修行。

★我們人心裡頭，切記千萬不要有鬼，也不要有恨、怨、惱、怒、煩。有這些東西，那就不得了，就五鬼鬧宅了。

★作人善知識，不會儘討好人，討人歡喜，令朋友迷得真理也不認識。

★鬼王專門發脾氣，不守規矩。觀音菩薩專門受氣，守規矩。

★你打沒有價值的妄想，將來便結無價值的果。一切飲食，皆是一味。打吃的妄想，就是放逸，未能看住六賊。

★宇宙若充滿祥瑞之正氣，地球就不會爆炸了。

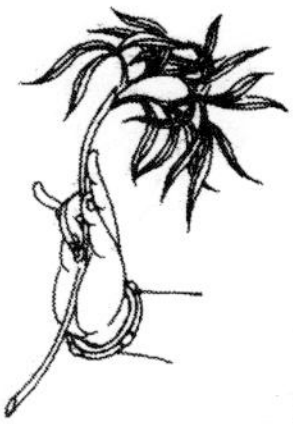

★各位注意！凡是從外來的境界，不要注意它，不要理會它，聽其自然，不隨它轉。在《楞嚴經》上講得非常明白，希望參禪者，要徹底研究五十種陰魔的來龍去脈。

★愁一愁，地獄遊一遊；
笑一笑，就老返少；
哭一哭，地獄有個小黑屋。

★我們人修行最要緊的事，就是在任何的時候，都不生煩惱—坐也不要生煩惱，臥也不要生煩惱，最重要的就是要斷煩惱。
煩惱無盡誓願變，要變煩惱為菩提。「煩惱」就是不覺，「菩提」就是覺。

★《大悲咒》就是大悲心的大咒，可以通天徹地，如果你虔誦《大悲咒》，每天一百零八遍，連續三年，那時你以《大悲咒》來為人治病，就手到病除。我會講《大悲咒》的功效，就是希望每個人以《大悲咒》的力量，來挽救世界浩劫，讓人們永無災難，令正法永住世間。

★古來的聖人，是自己責罰自己，不是像現在的人，什麼事情不說自己的不對，就找人家的不是。

★我們人，一天少說一句話，多念一聲佛，打得念頭死，許汝法身活。你少說一句話啊！就會多念一聲佛，你把這個妄想的念頭打死了，你這法身也就現前了，就是這麼反掌之易。

★修道，就是要「倒過來」，什麼意思呢？即是「好事給他人，壞事予自己。」捨棄小我，完成大我。

★「要學好，冤孽找；要成佛，先受魔。」若不想學好，則冤孽不會來找；愈想學好，冤孽愈來找，欲把債務算清。

★新年快樂，我們要年年都快樂，月月都快樂，日日都快樂，時時刻刻都要快樂，不

要煩惱，那麼這樣才能「栽培心上地，涵養性中天。」

★各位學佛的人，要認真，腳踏實地，念念不空過，念念都向道上走。你能這樣子，才是一個真正學佛的人。

★修道，能增益你的智慧，增益你的菩提心，增益你的願力，一切一切都會增加。

★你應該天天不忘記無常鬼不知什麼時候來請客。

★末法時代是魔強法弱的時候，魔王的勢力一天比一天擴大，佛的勢力一天比一天縮小。佛本來不講勢力，而是說威德。當眾生福報大時，是法強魔弱；當眾生福報小時，就魔強法弱。

★如果出家人貪圖供養，揀衣擇食，還有什麼正法可言？

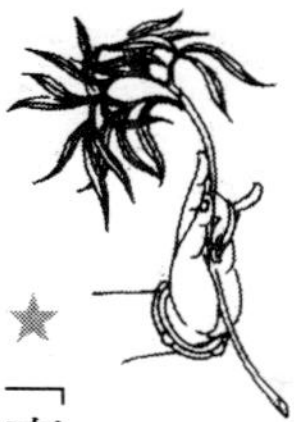

★「專一則靈，分馳則蔽。」專一什麼呢？專一必須要斷欲去愛。若不斷欲去愛，就是出家修八萬大劫，也不會修成的，所以這是要緊的。

★你沒有貪心了，才能放下。放下，你才能得到自在。你能得到自在，然後才能開大智慧，大開圓覺。

★我們修道，要自有化無，返本還原，返回到那個本有的佛性上去。

★解脫，就是你在這個戒律裡頭畢業了，
在這個規矩裡頭畢業了，
在這個煩惱裡頭畢業了，
在這個無明裡頭畢業了。

★法的本體是空的，你不要執著這個法。若對這個法看不破，放不下，那又不自在了。

★恨人，就有個紅臉鬼；
怨人，就有個黃臉鬼；
惱人，就有個白臉鬼；
怒人，就有個青臉鬼；
煩人，就有個黑臉鬼來了。你看！就這麼厲害！
恨人就傷心，怨人就傷脾，惱人就傷肺，怒人就傷肝，煩人就傷腎。

★小孩子生理還沒成熟，就找對象，這都會受傷，都會吃虧的。

★修行不要到高的地方去找、到遠的地方去找，道就在你眼前，就在你自心。你要真能把自心認識了，這個心馬意猿猴，心像馬似的，意像猿猴似的，你能把心馬牢牢拴住，把意猴也看得緊緊的，這樣子你修行才能有所感應。

★有人問我，到西方國家如何弘揚佛法？那我告訴你，我是憑著：觀世音菩薩、《大悲咒》和《楞嚴咒》。

★ 道場是養修行人的地方，不是養懶蟲的。

★ 我們人個個應該爭先恐後來學習佛法，學習佛法比賺錢更重要。這法身慧命，你把它修養得能健康起來，能強壯起來，這比你賺錢好得百千萬倍都不止。

★ 福不可享盡，享盡就沒有福了；苦可以受盡，受盡就沒有苦了。

★ 思量疾病苦，健康便是福；
思量災難苦，平安就是福；
思量有錢苦，沒錢就是福；
思量富貴苦，貧窮就是福。

★ 我們無量劫以來，都被虛妄所騙，生生世世都在生死輪迴，就像在魚網裡，跑進又跑出，永遠出不去。就因為不發菩提心，不肯吃虧，所以還不能了生死，永在六道輪迴裡轉。

★有真正智慧者，不會自讚毀他。凡是自讚者，此人已無前途，雖然活著，已經死亡了。

★在這世界找假的，真的便丟掉。

★全世界充滿黑氣。哪個地方有真正修行，那個地方災難便小，很多人聚集在一起，那個力量便可改變戾氣為祥和。

★說法的人，無論有什麼大神通，你要觀察他。要是有貪心，到處斂財，或者有淫欲心，那就不是真的，就是假的；他若沒有淫欲心，沒有這種貪心，對你沒有什麼企圖，那就是真的。

★修行不是一朝一夕，而要朝於斯，夕於斯，念茲在茲，恆常不變。時間久了，才能養成智慧，般若現前。如果一日曝之，十日寒之，永遠也不會有所成就。

★在道場中，不可隨便亂講話，不可隨隨便便！規矩就是戒律。守戒律便清淨，能清淨便能接近佛。

★我們人本身就是化學工廠，有千變萬化，有時把自己化成蟲子、小鳥，或者餓鬼，有時試驗成功，就化成佛。能自有化無，自無化有，化出種種不同的生命。所以我們要很小心，不要把自己化成餓鬼、畜生。在人的化學工廠，要鍛鍊成佛、菩薩、聲聞、緣覺。化錯一點，就會跑得很遠，再也不容易回來。

★不修行而想成佛，是無有是處的。

★無明，即是不明白。無明的根本，是愛慾。

★你不要以為有了境界，就是好的事情了。有境界，你若不認識，這就著魔了。

★無論見到什麼，你不要被這個境界轉，不要跟著它跑去。要怎麼樣子呢？要見有若無。見到境界就和沒有見到境界一個樣，也不要生歡喜心，也不要生討厭的心。

★世上的人多半是混吃等死，浪費光陰。每個人從早晨起床開始，一直忙忙碌碌到晚上上床為止，都是為三餐而奔波。這種行屍走肉的人生，一點價值、意義也沒有，活著和死沒有什麼分別。

★因為人有貪心，就發生火災；人有瞋心，就發生水災；人有癡心，就發生風災。所以三災是由三毒生起的。我們人人都具足貪瞋癡三毒之心，此心一天比一天擴大，到了一定限度，就造成大災。

★外邊有電腦，我們每一個人自性裡，也有一個電腦，叫做神腦，也可以稱為聖腦或佛腦，即是大智慧。現在的科學，雖然日新月異，但都是往外馳求，越找越遠。科學家們在皮毛上轉來轉去，好像有所得，其實都把本有的智慧遺忘了，這就叫捨本逐末。

★修道時不用強力去對抗障礙，如果你真誠，障礙會自然地冰消瓦解。

★不能想出世法，又放不下世間法，腳踏兩條船，又要到江北，又要過江南，是辦不到的。

★若要把這世界真正消毒，就要大家吃素，不吃肉。

★那個執著呀，不是說在沒有事情的時候說「我沒有執著了」；要在有事情的時候，境界來了，看你怎麼樣。沒有事情的時候，你沒有煩惱，那不是真的。就要那個境界來了，能認識，那才算。

★我們學佛，必須要深入經藏，才能智慧如海。你不深入經藏，智慧不會如海。不深入經藏，什麼如海呢?你的煩惱如海，你的執著如海，你的邪見如海，所以讀誦大乘經典，是非常重要的。

★古人說：「萬惡淫為首，死路不可走。」你行淫欲，那就是走死路。

★「勿以善小而不為，勿以惡小而為之。」善雖然小，我們也應該去做去；惡雖然小，我們也應該不做。

★修行要忍苦。

★不爭、不貪、不求、不自私、不自利、不打妄語，本來是很容易的，沒有人強迫你這樣做，可是你就是不願意這樣做，所以就發生了些個逆境。逆境就是爭呀、貪呀、求呀、自私、自利呀、打妄語呀，所以才有橫逆之難。有逆境，就受不了了。你打妄語的時候，怎麼就不覺得受不了呢？

★戒，就是舉心動念，不令生一切惡。

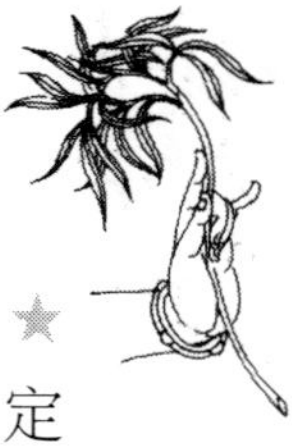

★定，就是我們修戒的成績。我們持戒，久而久之就會有定力的。定力梵語叫三昧；正定正受。正定就異於邪定，正受就異於邪受。正定正受，是合法的；邪定邪受，是不合法的。

★以定發慧，我們有了智慧，才能認識佛法。認識佛法了，然後才能成佛道，所以戒定慧是最基本的條件。

★世界為什麼一天比一天壞？因為人人都爭，這包括爭名、爭利、爭權、爭地位，最嚴重的是爭色。

★你們看古代高僧大德，都是從苦行中得到悟境，沒有一位祖師從享受中得到開悟。把大藏經找遍了，也找不到一位。

★你能身口意三業清淨了，念佛就好像清珠投於濁水，濁水也不得不清。念佛入於亂心，本來心裡很多妄想，在妄想心，你能念佛，那個妄想心就跟著你念佛的聲音，

慢慢把那妄想也都化過來，成一個佛念。

★對魔不要有敵對的心理，當做助道的善知識。

★學佛法要拿出真心，一舉一動，一言一行，都要往真的去做。

★我們從無量劫以來，生生世世所造的業不同，所以妄想也不同，業重妄想多，業輕妄想少，成為正比例。

★在道場裡，要節省一切物質，所謂「愛惜常住物，如護眼中珠。」

★不愛不憎為中道。修道，修什麼道？就是修這個中道。對誰都是平等相待，慈悲為懷，但要謹慎行事，不可落在情愛樊籠中。

★我們的心，都是「他」在，而不是「自」在；他在就是人雖在，可是心不在。

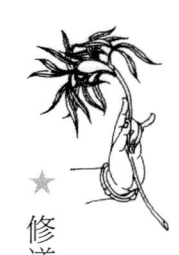

★修道人要恢復到○，返本還原，圓滿自性的大光明藏，大圓鏡智，什麼也不缺。

★什麼是地震？即是欲念動。地不震，即是涅槃。

★人說心老了，這兒心是塵境相對的心，非寂照圓明的常住真心。如果能熱愛生命，捨己為人，花甲高齡的人，也會變得青春愉快。

★我們修道人，無論在什麼場合，應該韜光晦跡，不可光芒外露。

★有所執著，就是人心。無所執著，就是道心。

★眼睛觀想觀音菩薩在前，千手照見我，千手護持。耳朵聽的是觀音菩薩，送到心裡，口裡也念得清清楚楚，記得清清楚楚，在六根門頭，都是念觀音菩薩。眼耳鼻舌身意，皆在念觀音。

★沒有功德，死是很痛苦的。

★修行不能戴假面具，掛羊頭賣狗肉，作一些不合法的事。修行要真真實實，腳踏實地，躬行實踐。

★《大悲咒》與觀音菩薩，是二而不二，不二而二，兩者是不能分的。我希望，各位善知識能夠誠心誦持《大悲咒》，必然能夠消災息難。

★修行不可各處賣修行、賣廣告。一賣修行，就會著魔。

★佛、魔都是一念之間。佛有慈悲心；魔有勝負心。

★天地是從中道生出來的，諸佛菩薩、羅漢也都是從中道中生出來。中道是諸佛眾聖一個母體，不落空，不落有，綿綿密密，修中道法。參禪習坐就是修中道法。中道按形相來講是一，無形來說是○。○是中道了義。

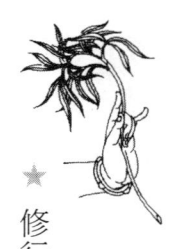

★修行是平平靜靜，無煩惱，無貢高我慢。

★學佛的人，應該令佛教一天比一天發揚光大。怎樣令佛教發揚光大？首先要敦品勵德，心包太虛，量周沙界。

★為什麼說你心裡沒有鬼，外邊的鬼就沒有法子呢？外邊的鬼，是因為你裡面有鬼，外邊才有鬼；你裡邊沒有鬼，外邊鬼進不來的。裡邊這個鬼，就是這五鬼：貪、瞋、癡、慢、疑；也就是恨、怨、惱、怒、煩。

★我們沒有把本有的智慧現出來，天天以無明煩惱，作為我們的能力，動不動就發起火來，脾氣也就來了。所謂「無明火，老虎神」，這就是前生的罪孽根，如果沒有罪孽，就沒有無明火。無明火一發，貪瞋癡就來了。你們可以迴光返照，看看自己是否如此。

★無明有兩個幫兇，兩個夥計「黨」，究竟是什麼呢？就是食與色。一個食欲，一個色欲，這兩個幫著無明做種種壞事。

★所謂「到無求處便無憂，知事少時煩惱少。」

★無論任何境界來臨，總是抱著有若無，實若虛的態度，切勿得少為足，認假作真。

★食就是幫助慾，慾就是幫助無明。

★菩薩畏因不畏果，凡夫畏果不畏因。菩薩在因地上非常小心，絲毫不謬，到受果報時，便不害怕。可是凡夫愚癡，平常不怕因，殺盜淫妄，飲酒賭錢，吃痲醉藥，敢做敢為，到受果報時，卻叫苦連天。

★人在世間，無論吃飯、穿衣、睡覺，都是佛法的表現，可惜我們不知道在日常生活中，體會佛法，還要到外面找去。什麼是外道？無非心外求法。

★大家切不可自暴自棄，自甘墮落呀！

★無論是身體上犯的殺、盜、淫三業也好，還是語言上所犯的妄語、綺語、惡口、兩舌也好，或者是在意念上所犯的貪、瞋、癡也好，我們都要懇切地懺悔，否則會如入泥沼，愈陷愈深，罪業愈來愈重，把我們壓得喘不過氣，無能自拔。

★各位要知道，我們活在世界上，好像少水的魚，沒有多久時間，便嗚呼哀哉！我們從無量劫以來，一直到現在，還不知修行，生了又死，死了又生，這是很值得我們痛心。為什麼到了現在，還要等待，不去修行？

★愛欲就是生死，生死就是愛欲，愛欲就是生死之根。若是不破愛欲無明，終不能離開生死大愛海。

★為何不吉祥？就是心裡不吉祥，種下惡因當然有惡報，若能改過從善，便可趨吉避凶。由此觀之，命運可以改造，操之在自己的手中，所謂「大善大惡，超出數

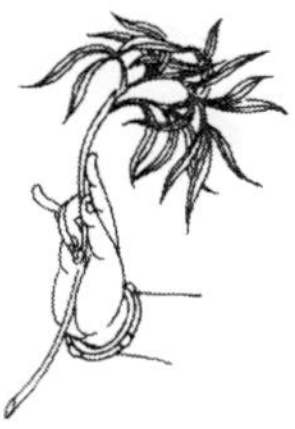

外。」

★既不斷淫，又想成佛，那是絕不可能的事，天下間無此道理。今人多數貪僥倖、貪捷徑，一聽到什麼玄妙法，便被迷惑而陷入魔網，到死時，還是密！密！密！密到地獄裡去了。

★修行要修到如混沌赤子之心，心無一物，就像小孩似的，返老還童。但返老還童並非叫你等著吃奶，而是叫你的貪瞋癡慢疑心都沒有，這時叫返本還原，和小孩子的知見差不多，很天真無邪，一點也沒有懶惰懈怠心，也沒有佔便宜心，或人我是非的心，這時是「本來無一物，何處惹塵埃。」

★別人講你一句，就不高興，受不了；動你一根汗毛，你也痛到心裡去，甚至拔一毛能利天下，也不肯，有這種自私是不能修道的。修道人要無我、無人、無眾生、無壽者相。

★最大的漏，就是慾漏。若是有了慾念，好像常被土匪打劫，財寶被搶去；好像木材內生蟲子，沒有用處；又好像在美食中，放了糞便一樣，令人作嘔三日。

★出家人，一定要痛念生死，發菩提心，不可混吃等死，所謂「當一天和尚，撞一天鐘。」一有這種思想的出家人，對於生死問題，一點把握也沒有。

★我們應該破釜沉舟，洗心革面，破除迷信色彩，消滅自私自利。

★我願意把萬佛城貢獻給全人類，以及全世界的佛教徒。

★你們誰也不要終日悶悶不樂，愁眉不展。凡事要看得淡泊，如夢如幻，應該輕輕鬆鬆地處之泰然。世上一切皆是虛妄，只要盡自己本份就好了。

人生到世上來，就是要還債。

★迴光返照，返求諸己，看自己生了多少善念，生了多少惡念，打了多少妄想。

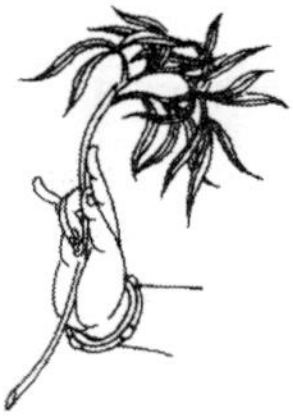

未生善念，令善念生長。已生善念，令善念增長。未生惡念，令惡念不生。已生惡念，令惡念息滅。

不可以隨隨便便，令光陰空過，浪費生命。有價值的妄想，如不能實現，就不要打。沒價值的妄想，更不要去打。

真用功的人，時時刻刻管自己，行住坐臥不離家。

★人在這世界上，你捨不了假，成不了真；捨不了死，換不了生；若要人不死，須作活死人。你活著要是能夠看成自己像死人一樣，這就是真能瞭解「一切有為法，如夢幻泡影，如露亦如電，應作如是觀。」

★我們人的貪瞋癡不容易息，不容易息滅，所以我們才要息滅；若是容易息滅，我們就不需要那麼費力。

★布施，要布施三寶，不是要三寶來布施我。

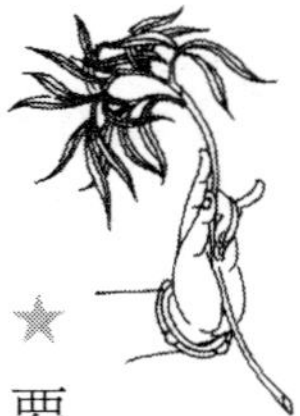

★要知道，妄想是修道的絆腳石，障礙你成就道業。

★這個財，只不過是一張紙，上面印得花花綠綠的，這個紙糊的世界，就把人都迷惑了，把仁義道德都忘了，就貪紙糊的這一張紙，以為這是真實的，你說愚癡不愚癡？

★瞋，就是脾氣，就是煩惱。
這個瞋心覺得人人都不好，哪一個人都對不起我，於是乎對所有的人發脾氣，拿煩惱當飯吃，吃了一頓又一頓，吃了一頓又一頓，永遠覺得吃不夠。

★癡，就是癡心妄想；愚癡。
不應該得的他要得，這是愚癡。
不應該吃的他要吃，這是愚癡。
不應該有的他想要有，這是愚癡。
不應該做的他要做，這是愚癡。

★再美麗的人，只是一個臭皮囊，再醜陋的人，也是個臭皮囊。外邊雖然不同，但是裡邊都是一樣，沒有什麼美麗醜陋。再往裡面一找，都是膿血涎痰唾沫。往五臟裡頭一研究，都是大小便這些個東西。外面再美麗，裡面都是臭不可聞的東西，有什麼不同的？何必那麼執著！可是，愚癡的人，就在美好上用功夫，執著美好而憎惡醜陋，這豈不是愚癡！

★我們修道的人，切忌不能貪吃好東西，貪享受，什麼時候都要以釋迦牟尼佛的行為，做我們修道人的借鏡，來勉勵自己，來警惕自己，任何時候，也不能放逸。

★無論是男人，或是女人，都要把七情斷盡。什麼是七情？就是喜、怒、哀、懼、愛、惡、欲。若被這七情所轉，那麼，你的定力就喪失了，被境風所吹，搖動其心，做不得主，沒有主宰，那就顛倒。

★我們在世間所行所做，如果沒有對的話，也就等於在地獄一樣。凡是所作的事不如

法，有了自私自利的心，那就在地獄。歡喜這個，歡喜那個；惱怒這個，惱怒那個。有了這種感情用事，等於在地獄一樣。

★什麼是顛倒？就是以苦為樂，以是為非，黑白不分，真假不明，以無常為有常。

★我們修道人，要互相坦白，互相勸善，教人往光明路上走，不可姑息養奸，或者恭維人、拍人的馬屁、托人的大腳。

★所謂「苦海無邊，回頭是岸。」不要還在苦海中漂浮沉沒了，否則將無解脫出離之日。

★我們的身體，是非常污穢不堪的。但是人為什麼仍視其為寶貝，替它帶上鑽石、金銀珠寶，或用香水脂粉來塗抹，這豈不是用香花、寶貝來裝飾一間廁所？

★我們修道，一定要把七情六欲之妄想，大掃除一番，清理得乾乾淨淨。

★為什麼說三心了不可得？過去心不可得，現在心不可得，未來心不可得。過去，過去的已經過去了，已經過去了還有什麼過去？過去就沒有了，過去心不可得。現在心，現在不停，它念念遷流，念念移動，念念無止息的那麼遷變，現在心不可得。未來的心，未來還沒來，你想它幹什麼？所以，未來心不可得。你要能三心了不可得，四相也不生了，這就是與自性合而為一了，圓滿菩提，歸無所得。

★修道，你有什麼思想，就會有什麼鬼。所謂鬼就是一股陰氣，你有什麼不好的思想，陰氣就來了。你要是一改變你的思想，陽光就照進來，就有智慧了。

★雖然眾生口裡老是喊著尋求快樂的口號，但不幸地，卻愈來愈痛苦。

★人人改惡向善，世界就沒有三災八難，人人和睦相處，無爭無貪，成為大同世界。

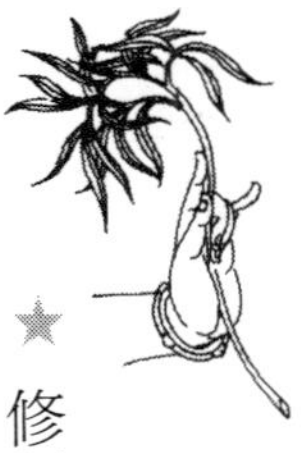

★修行學佛的人，不要計較那麼多。誰罵我，我是誰？誰打我，我是誰？問一問自己，根本找不出一個「我」。那為何要如此放不下？

★修行要迴光返照，問你自己有沒有貪心？有，就沒有修行；沒有，就有修行。問你自己有沒有瞋心？有，就沒有修行；沒有，表示自我少了。打我沒看見，罵我把理服，如在心裡起煩惱，發脾氣，就是沒有修行。問你自己有沒有愚癡？是不是一通一切通，無所障礙？「真空無人我，大道無形相。」

★根深聽善語，孽重聽誹言。

★倘若不能把虛妄捨掉，那個真實的東西就永遠得不到。為什麼呢？因為你儘跟著虛妄的後面跑，怎麼會認識真實的面目呢？

★你要煩惱，就是熱惱；你不煩惱，就是清涼。誰叫你生煩惱的？

★放下身心佛自成。

★要發菩提心，要利益一切眾生。不要學二乘人自了漢的作風，自己顧自己，不管他人。

★忍是無價寶，人人使不好，若能會用它，萬事都能了。

★你要是沒有執著，事來則應，事去則靜，好像鏡子一樣，物來則現出形相，物去則空無所有，光明潔淨。若能這樣，就無思無慮，不識不知，既無煩惱，又無麻煩。

★過年我們也接財神，也接喜神，也接貴神。什麼是財神呢？你不把你的精氣神丟了，這就是財神。

什麼叫貴神呢？你一年也不發脾氣，這就出貴了，所以這就是貴神。你若發心：我明年不發脾氣了，要把我的性情改變了，就有貴神。

你要是在那兒歡歡喜喜的，這就是迎接喜神了。這三個神，都在你自己這兒。不過你不會用，所以就跑到外面去找了。

★你做一個懶蟲，不修行，我就不等著你了。

★世間上充滿了種種虛妄不實的事，每個人都有他自我的知見，因此明爭暗鬥，各逞私欲，貪瞋癡的烏雲，瀰漫於整個宇宙，令人見不了光明，得不到清涼，祇有菩薩把這一切虛名、假利、虛妄的生死，令人墮落、纏縛的五欲──財色名食睡等，都能捨棄無餘，因之他的真實智慧就能顯現出來。

★有人說：「現在屠宰場和以前不同，是用槍或用電電死，牛羊在不知不覺中就死了。」你認為那樣是對的嗎？那麼你為何不去那樣死法？其實這方法更殘忍，那股怨氣仍然存在，或者還要更深，因為凡是殺生都是罪業。

★舌有說法的功德，也有說是、說非的罪過。若是不說法，而說是非，或說邪言邪語，那就是一萬二千的罪過。

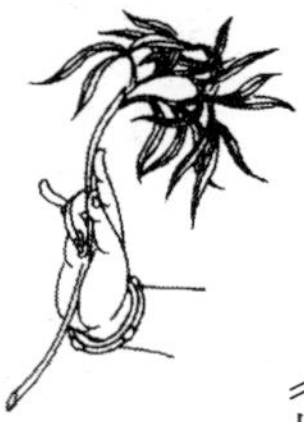

★戒乃出家人的準繩。

★不找麻煩，不怕麻煩。

★學佛人欲成佛，必要參禪打坐。應天天修習禪定，不怕腿痛腰痠，才有成就。所以古人說：「不受一番寒徹骨，怎得梅花撲鼻香？」

★世間上沒有一樣東西是值得寶貴的，沒有一樣東西是難覓難遇的，只有能講說佛的正法的人，才是難逢難遇的。

★我們有痛苦，乃由於執著沒有破。如果我們的執著破了，甚麼痛苦也沒有，甚麼快樂也沒有。

★在末法時代，一切天魔外道，魑魅魍魎，山妖水怪，所最怕的就是《楞嚴咒》，《楞嚴咒》是破邪顯正的神咒。

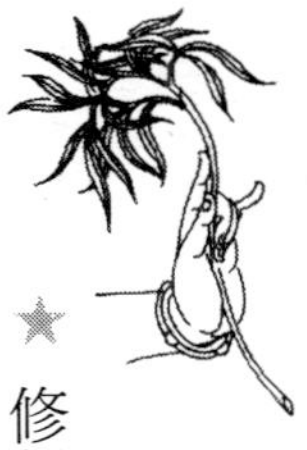

★修行，就是降伏身心—把身體鍊成金剛，疲倦的時候，也能繼續向前，還要斷一切妄想。

★眾生的心性，本來也是磊落光明，只是被無數的罪障、妄念遮蔽罷了。

★念菩薩名號，能明心見性。

★皈依那天，看作我們的生日，把我們修行的階段，從那時候算起。

★《楞嚴經》是佛教的骨髓，人若無骨髓，一定會死。佛教裡若無《楞嚴經》，也可以說無佛法。

★吃那一類眾生較多，那一類的種子就多，即與之成為眷屬，與之因緣太深，而致糾纏不清，不能分離。

★吃豬肉多者，有機會生為豬。
吃牛肉多者，則生為牛。
若多吃米，是否也變成穀呢？米是無情，而眾生生命是有情。若噉食有情眾生，即會生成有情眾生。吃無情眾生，不但不會變米變草變菜，而且真正能幫助法身慧命。

★《楞嚴經》是參禪人的寶鑑，所有修道人宜深入鑽研。

★不要儘管他人閒事，所謂：「他不好，他不對」，不要祗看他人的錯處，應除掉自己心中的妄想，就算稱心如意的事，也不過是快樂的妄想，應看破放下，證得中道了義。

★末法時代，眾生的根性下劣，對其他的法門，都不太適合，唯有念佛法門，是三根普被，利鈍兼收。

★我們人覺得自己在做好事，其實不一定是好事。為什麼？因為種子不清淨。

★我們為什麼有生死？就因為有妄想。

★我們拜觀音念觀音，要自我反省，我是不是還有很大的脾氣？是不是老毛病還沒有改過來？如果有這種情形，就是拜到盡未來際，念到盡未來際，也不會見到觀世音菩薩。

★你若懂戒律，對一切佛法都能深入；你若不懂戒律，就像虛空中的雲一樣，浮浮蕩蕩，一點根基也沒有。

★為何現在世界青年問題氾濫？皆因作父母只生孩子而不管教。

★你若是充滿了仁、義、禮、智，你的面就有一種德相，有一種功德在裡面。

★本來愚癡人和大智人的般若智慧，是沒有分別，只因一個會用，一個不會用罷了。

★你常迴光返照，見自性，常生般若的智慧，這就是「功」。你用般若智慧，應用五方，變化無窮，且無所染著，不做不清淨的事，這便是「德」。

★認識境界，不著境界。無論是真是假，都不執著。如果執著境界，真的也會變成假的。如果不執著，假的也會變成真的。

★《楞嚴咒》是咒中之王，亦是咒中最長者，這個咒關係整個佛教的興衰。世界上有人持誦《楞嚴咒》，就是正法存在。沒有人持誦《楞嚴咒》，就是沒有正法。《楞嚴咒》是佛頂光明，化身如來所說的神咒，所以妙不可思議。每一字有每一字的奧妙。

★貪求名，就被火燒死；貪求利，就被水淹死，這是水火二災。再貪求榮華富貴，就會死在風裡。

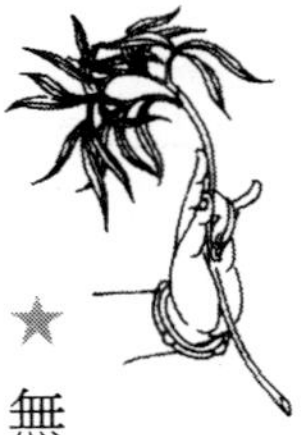

★無論是在誰的面前懺悔，要把話說得清楚，不可說些模稜兩可的話。

★人人都免不了生、老、病、死苦，這生來了，怎麼樣生的？我們到底是天生的？地生的？或者是人生的？或者是自然而生的？生出來又為的是甚麼？我們的責任是甚麼？我們應盡的義務是甚麼？我們的天職是甚麼？這個事情要弄清楚了，才不辜負做人一場。

★你們一定要把《楞嚴咒》學會，如此不但可以了生死，還可以免除魔難災禍，救度眾生。

★同性戀，是違背天性，違背倫理，違背生理的妖孽。

★想要成佛，必須學佛法。

★我們應得的，我們就得到；不應得的，我就不要妄貪。各守各的崗位，各盡各的責

任，也不自私、也不自利、也不打妄語，能以這樣子，這世界就太平了。你不叫它太平，它也太平了；你不叫它平安，它也平安了。那麼現在為什麼不平安？為什麼不太平？就因為人人都向外去找去，不知道迴光返照，反求諸己。

★

我們人要時時能保持混沌赤子之心，小孩子似的，時時都不會老的，時時都不會死的，所以我說健康長壽，只要把世間的財、色、名、食、睡放下了，那個真的自然就現前了。

★

不論大乘、小乘、佛乘，首先都是教人去除習氣毛病，去無明煩惱，去貪瞋癡。你若能把毛病都去除，與經義自然會相合；但若毛病不除，總也不能明白經義。

★

你看看，你第一了，又能有甚麼用？你發財了，又能有甚麼用？

★

你觀察這個修道的人，觀察甚麼地方呢？就觀察他守不守佛的戒律。他若不守佛的戒律，這一定是魔；他若守佛的戒律，特別精嚴，這個就是真的佛教徒。

★ 這個世界的麻煩為什麼生出來的？就因為人人都自私。自私從什麼地方開始？就從人的欲念那兒開始。

★ 人修道，無論甚麼也不要貪—好的也不貪，壞的也不貪—你就平常心是道，要平平常常的，不要生一種貪心，你貪甚麼都是不對的。

★ 如果你的意識對冷與熱都不作出分別，那麼，冷熱就不會存在。如果冷熱都不存在，又有誰感覺的呢？任何情況都是同樣的道理。如果我們不在事物上存分別，我們自心的本來安靜就不會受擾。

★ 殺業太重的後果，形成天災人禍的因素。或者地震，或者海嘯，或者奇寒，或者奇熱。乃至風不調雨不順，國不泰民不安的現象也為常見。

★ 小孩子如小樹枝般長大，枝椏七八，必須砍去橫枝，將來才會成為棟樑之材。

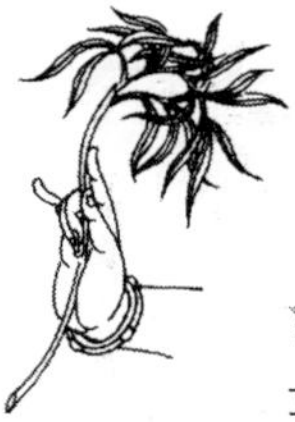

★人在夢中，而不知是在作夢，待夢醒了，方知是夢。何時能醒呢？等修行開悟時，便是夢醒時。怎樣修行？就是學佛法。甚麼是佛法？簡而言之，就是鑰匙，我們天天在找這把鑰匙。鑰匙是甚麼？就是般若智慧，找到智慧鑰匙，便能開無明的鎖。把無明鎖打開了，便得到解脫，得到解脫後，假夢才會醒。

★可以用的東西我們不用，把它扔掉，這叫浪費物質，世界上的物質，已經快沒有了，我們再不節省，將來就很危險了。

★這世界上無論好和不好，都是教人覺悟。好，就是教你覺悟好的地方；不好，就是教你覺悟不好的地方。

★《楞嚴咒》每一句你們都應該特別注意，不要把它當成平常事，這是百千萬劫難遭遇的妙法。你們或者以為世上有很多人講《楞嚴咒》，其實是沒有人講。

★妄念就是不真不實在的念頭，虛妄不實在，儘打妄想。顛倒就是明知這是不對的，

卻偏要做，又狡辯說這個對。

★世間人忙忙碌碌、奔奔波波、出發點無非是自私，是為了保護自己的生命財產。而佛法，是大公無私，是為了利益他人。

★聽經你就有照妖鏡了，這個妖魔鬼怪一現形，你就知道了。

★我們修道的人，都應該要發真正的願，發真正的、內心發出來的大願大力，來照著這個願力去實行。

★若只存大公無私的心，不想快，不想超過別人，只是專一其心用功，甚麼魔也不會有的。

★修道人，好像眼睛那樣的清淨，不能容納一粒沙子。如果眼中有沙子，一定不舒服，總想法子把它拿掉。否則，身心不安寧。修道也是這樣的情形。這粒沙子是什麼？就是「貪心」。有了貪心，事事起變化，本來是清淨，有了貪心的念頭，便起了化學作用，將清淨的水變成穢水，不能利人，反而害己。

我們修道的主要目的，為了脫生死，不是為求感應而修道。切記！不可有所企圖而修道，為求成就，為求感應，那是大錯特錯。

★ 你若有智，就像太陽，有慧，就像月亮一樣。

★ 凡是愛發脾氣的人，多數是愚癡，無明很重，沒有涵養的功夫。

★ 若說動物是預備給人吃的，那人又預備給誰吃？

★ 娑婆世間的眾生，一舉一動，都是貪、都是瞋、都是癡。世間法，他用貪瞋癡去修行；出世法，他還是用貪瞋癡去修行。修行，他貪著開悟，坐了兩天半禪，想要開悟；修了兩天半法，想要有神通；念了兩天半佛，便想得到念佛三昧！你看這貪心多大，都是貪心鬼的表現。

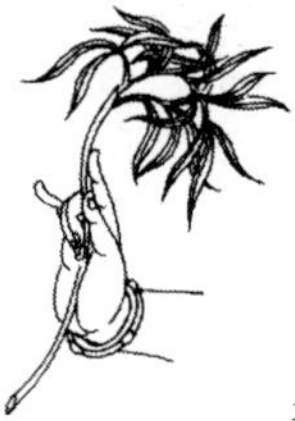

★修行如上百尺竿，往下容易往上難，其難如登天。無論遇到甚麼境界，打不破境界，就很容易遭魔障，其間只是一念之差。一念錯了，一念之邪，天魔外道便入你的心竅。若是正念，佛便與你合而為一。所以《六祖壇經》說：「正念之時佛在室，邪念之時魔在堂。」便是這道理。

★愛吃好東西，這裡頭都有一段冤業牽著，令你歡喜犧牲其他生命，而來補助自己的生命。

★地獄不是預先造成的，預備好等你去墮地獄的。是怎樣造成呢？是由你的業感所現。你造地獄業，就現出一個地獄來。

★若真誠讀誦經典，常有天人散花，有異香遍佈，鬼神恭敬供養。

★你要是想認識是真的、是假的？是不是菩薩，還是魔？你就可以在這個地方來看。

第一，看看他有沒有淫欲心；第二，看他有沒有貪欲心。這個貪是貪財，他若又貪財又騙色，這個就不是真的了。

★我在今年正月時，給你們看過我所用的一張紙餐巾，已經用過四天，還沒用完呢！你說世界上還有沒有這麼孤寒的人？不單這個，甚麼我都不浪費。雖然這不是很大的事情，我希望各位注意一點，不要浪費世界能源。

★這個「肉」字，就是一個被吃的人與吃肉的人，吃肉的人在外邊還是個人；被吃的人已經變成了畜生了。吃肉的人與被吃的人就有一種關係，解不開冤結，互相罩著。

★智慧與愚癡沒有兩樣，好似反掌，翻過來是智慧，翻過去就是愚癡。

★迷信，你雖然迷，雖然你不明白，但是你要有個信心。你若信迷呢，你信是信了，但是你信那個邪道，信那個迷惑人的道，信那個不正確的道，那就壞了。

★房要小小的，錢要少少的，人要好好的，業要了了的。

★《華嚴經》就是法界經，也就是虛空經。盡虛空遍法界，沒有那一個地方不是《華嚴經》的所在處。《華嚴經》的所在處，也就是佛的所在處，也就是法的所在處，也就是賢聖僧的所在處。

★世上若有一人會念《楞嚴咒》，這世界就不會毀滅，法也不會滅的。等到世上沒有人會念《楞嚴咒》時，那時佛法就該滅了。

★我常常對你們說：「快點死」，就是要死去這個妄想心，不要天天打妄想。打妄想，怎能修行呢？妄想心死了，那時候，慈悲心也大了，智慧心、願力心也大了。

★修行好像游泳一樣，你的力氣大，技術高明，可以在逆流中游過去，安全達到彼岸。如果你的力氣小，技術不高明，在逆流中便會後退，不但達不到彼岸，還有可能會被淹死。

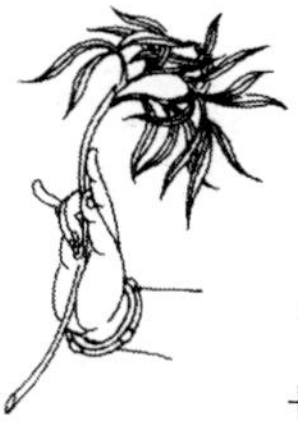

★善人不怨人，怨人的人就是惡人。

★聽經最要緊的是要有耐性，懂不懂，都要耐心來聽，在這法會上，朝夕講經，就如香薰一樣，早晚薰習，終會開智慧而明白的。

★世界是人心所造成的，人心好殺，就是一個戰爭的世界；人心要是好生，就變成一個和平世界。我希望將來西方人、東方人，大家都把戰爭的心改為慈悲心。

★善欲人知，不是真善；惡恐人知，便是大惡。

★人生最大的苦，就是生離死別，因為有愛。愛是造業的淵藪，如果能斷欲去愛，業障就輕；要是有很重的情愛，業障就重。所謂「業盡情空是真佛，業重情迷是凡夫。」

★世上一切的一切，都在說法。善人給你說善法，惡人給你說惡法。馬給你說做馬的

法，牛給你說做牛的法，令你明白做馬和做牛的因緣。

★人心，可善可惡，可包容太虛，量周沙界，可披毛戴角，也可成佛作祖。

★我對大家講的，都是很普通的道理，可說是白水熬白菜，淡而無味。雖然沒有甚麼味道，但是你若吃了白菜和白菜湯，就能解去很多的毒氣。

★世界上的諸惡，也就是因為有淫欲，才發生一切惡。你若能行眾善，就是你自己一切都清淨了，沒有淫亂的行為，這就是眾善奉行。

★佛就是世界的一股正氣，魔是邪氣，染污空氣。正氣就是晴空萬里，那種朗徹天空的境界。一著魔，天上就陰了，有煩惱就是陰天；不著魔、不煩惱就是晴天。一切世界上的東西，都是表法。

★現在一般的教育，教育學生只知道將讀書讀成就了，怎麼樣去找一個高的職位，賺錢賺得多，怎麼樣能做世界的名人，世界的第一人。這是你沒有教他基本的做人的條件，就教他去爭名奪利，這叫捨本逐末，背道而馳。背著道去做事情，這是大錯而特錯。

★修行、做事都要一個心，做了就了了，事來則應，事去則靜。

★財不要貪它，合義的才要，君子愛財，取之有道。

★《楞嚴咒》妙不可言，誰念誰就有感應，誰持誦誰就得到金剛藏菩薩的護持。所以你修這咒必須要格物致知，誠意正心修身，則持此咒就有大感應。

★有妄想就不自在。

★在這世界上一舉一動都要特別小心，不要不守規矩，你一錯了因果，後悔就無窮了。

★我們在修道的時候，最重要的是不爭；不爭是不和任何人爭長論短，爭是爭非。

★修行要想有千手千眼，不是一朝一夕所能成就的。若你修這個法，天天不間斷用功，天天依法修行，就能成就這種不可思議的妙用。你要是今天修，明天停止，那是沒有甚麼用的。

★出家人若不精進修禪習定、持咒誦經、嚴守戒律，而倚佛吃飯，賴佛穿衣，必墮三途。

★走到那裡，那裡就是學校。沒有一個地方，不是學習的地方，沒有一個時候，不是學習的時候。

★佛法有八萬四千種法門，門門是第一，對你相應者便是第一，與你不相應者便不是第一。修道要一門深入，才能達到佛果之寶位。

★人能孝順父母，就是天地正氣存在。不孝順父母，天地間便充滿邪氣。孝順父母要誠心誠意的，念茲在茲的，畢恭畢敬的。對於父母要恭恭敬敬，父母就是堂上活佛，所以人能供養父母是最幸運的一件事情。

★信佛、不信佛的人都成佛。

★有貪心便有苦，沒有貪心了，到無求處便無憂。

★電視擺在每個家庭裡，等於是一個無形的妖怪，把小孩子教壞了，把他們的精神也吸去了。學生讀書的時間不多，受這些毒素卻比甚麼都深。

★凡事都沒有一定的，只在一念心，一念善心便可轉凶為吉。老君說：「回心趨善，善雖未為，而善神隨之；回心向惡，惡雖未為，而惡神隨之。」

★不要儘為這臭皮囊著想，心心念念要為它偷東西吃，心心念念想要把這臭皮囊莊嚴

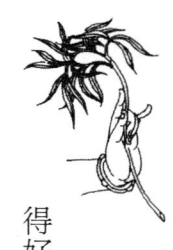

得好看一點，心心念念想叫這臭皮囊享受一點，快樂一點，這都是顛倒。

★修道不能享福。

★學佛法要拿出真心，一舉一動，一言一行，都要往真的做。不像世間人，半真半假，有時說點真話，有時說點假話。修道人時時要講真話，做真事，不打妄語。

★我們不是苦修，是樂修。誰修行受苦都是心甘情願，不是勉強的。我們都很願意把假的放下，把真的拿起來。

★你們一天不發脾氣，就是一天的修行，十天不發脾氣，就是十天的修行。你們要發脾氣，就是沒有修行。

★學《楞嚴咒》，就是佛的化身，不但是佛的化身，還是佛的頂上化佛，化佛中的化佛，所以《楞嚴咒》的妙處是不可思議的，有人真能持《楞嚴咒》，在周圍四十由

旬之內，沒有一切災難，化險為夷。

★ 現在科學發展得迅速，人類將來死得更多，甚至於把人類可以毀滅了！如果把人類都毀滅了，這個科學、哲學又有甚麼用？根本就是沒有用！

★ 想要消滅種種的災難，必須要研究人生的真理；把人生的真理明白了，然後才能知道這些災難的來源。

★ 大公無私的便是正法，若是自私自利的便是邪法。

★ 不要管境界是真的還是假的，你用功才是真的。真正明白了，要一切無著住，甚麼也不著住。

★ 我們無始劫以來，在八識田裡頭，甚麼境界都有的。你這一靜了，就現出來了。好像很渾的水，你若是總搖動這個水，它不清；你這水，你放到一邊不動，叫它澄淨

下來，那種渾的東西、那種塵埃，就都沉到水底下去了，那麼水就清了。

★ 小孩子不是生來就很壞的，而是沒有人來教育他，所以做父母的，要以教育子女為當務之急，你若是把子女教育好了，比你為他賺多少錢都有價值。

★ 其實參禪最好不要有境界，什麼都沒有，只是空，不要驚，不要喜，驚喜都會著魔，如《楞嚴咒》所列之五十陰魔，故要明白，便不會為境所轉，最要緊不要執著。

★ 想要發菩提心，一定要多聽佛法，明白佛法了，就自然會發菩提心了。

★ 我們要把眼光放大，把思量放寬，不要只知道有我自己，或者只知道有我的家庭，或者只知道有我的國家，要將心量擴大到盡虛空遍法界，要為全人類的利益著想，不要只為自己打算。

★你若不存鬥爭心，就和阿修羅界斷絕往來。你若不貪，就和畜生界斷絕往來。

★我們應該如何快樂？我們應該自性常常地知足，所謂「知足常樂，能忍自安。」

★這個錢，是最邋遢的一個東西，你要是和它接近得太多了，那就是塵埃。你能不要錢，那是最清淨了，就跳出塵埃了。

★人民向國旗敬禮，就是對國家恭敬。佛像也是佛的表徵，所以我們向佛禮拜。

★魔成魔的原因，是因為魔有爭強論勝的心，所謂「爭是勝負心，與道相違背，便生四相心，由何得三昧？」魔爭不到第一，便生瞋恨心、妒忌心、障礙心。所以誰有這種思想和行為，就是魔，就永遠不能成佛。

★做佛教徒的不要旅行那麼多。有這個時間來研究佛法，你說多好！來誦一誦經、念一念咒、拜拜佛，那更好！

★墮胎這個問題非常嚴重，今天世界上會有這麼多疑難雜症，墮胎是很大的因素。你想想看，一個生命還未出世，就成冤魂，到處是要命的小鬼，你說社會會安寧嗎？這些小鬼需要不貪財、有道行的人才能超渡。

★我們這兒一念佛，阿彌陀佛那個地方的電話就響了。

★小朋友！你們知道什麼是做人的根本嗎？就是八德：孝、悌、忠、信、禮、義、廉、恥。

★不要妄執色身為己身，現在既遇佛法，得到善知識指示念佛法門，便應該一心念佛來修行得解脫。

★修行要念茲在茲，一分一秒也不要放逸。

★愚癡的人，不知因果的厲害，隨便錯因果，甚至不相信因果，撥無因果。有智慧的

人，知道因果報應的厲害，就怕錯因果，無論做什麼事情，三思而後行。

★ 現在的人也不知道這件事的前因後果，猶如盲人騎瞎馬走錯路，自己也不知道，還以為家庭眷屬是恩恩愛愛，看不破，放不下，實際上這個世界是一個很苦的世界。

★ 種種災難都是因為殺生而結怨氣，充滿宇宙，才形成種種災難。人人若能戒殺放生，不吃一切肉類，則人的暴力思想就會消除。為什麼人這麼暴躁、脾氣大？就因為吃肉。因肉會增加慾念，使人瞋恨沒有慈悲心。

★ 戒律就是修行人的生命。

★ 我們修道，要躬行實踐，憑真功夫。不要搞名搞利，不要自我宣傳。要學文殊、普賢、觀世音、地藏王諸大菩薩的精神，護持道場，教化眾生。

★ 佛教中都說「貧僧貧僧」，沒有所謂「富僧富僧」的。

★打坐的時候，為什麼要睡覺？因為求法心不真實。如果真心求道，絕對不會睡覺。

★衣、食、住、行的習氣，都能改變，這才是無心道人。

★整個世界的人類都有痛苦。那麼必須要有大智慧的人，來提醒每一個人這種痛苦，然後他才能知道尋求一種真正的快樂。

★人在這個世界染苦為樂。

★在家有個小戰爭，在國有個中戰爭，在世界就有個大戰爭。那麼要先把小戰爭平息了，然後這個中戰爭也就沒有了，那大戰爭也自然不會發生了。

★所有的眾生都是我的家人，宇宙是我的身體，虛空是我的大學，我的名字了無形相，慈悲喜捨是我的功用。

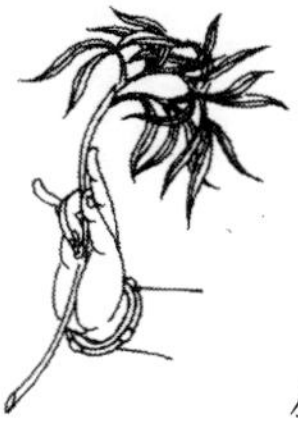

★佛教裡沒有發財法。

★現在的空氣為什麼會污濁呢？因為一般人不知道修行，不會使用電療，所以空氣越來越污濁。

★我們修道人，要用電療把空氣消毒，什麼是電療？就是靜坐。從靜坐中放出智慧光，這個智慧光就是電，這種電波放到空氣中，有殺菌的作用。把混濁的空氣變成清潔的空氣，這叫電療世界之病。

★佛為什麼要度眾生？因為他看「是男子皆是我父，是女子皆是我母。」他的父母在六道輪迴中受苦，所以無論如何他也要度眾生，希望他的父母離苦得樂。

★一般人，只知做小本錢的生意，不知做大資本的生意。為什麼？第一資本「善根」不夠，第二經驗「智慧」不足，所以沒有大發展。什麼是大生意？就是出離三界的生死大事。

★妄想好像大海，本來是風平浪靜。一旦風起，則興起波浪。波浪是從風那裡來的，所以要把業風平靜。業風平，妄想便少了。怎樣平業風？就是不造惡業。所謂「諸惡莫作，眾善奉行。」

★如果講究漂亮美觀，那就是習氣沒有除。

★如果貪美食、貪味道，那就是習氣沒有除。

★如果貪圖住得舒服，睡得舒服，那就是習氣沒有除。

★當知所造的廟，經過長時間，皆會變壞。所建的塔，經過劫火，會被燒空的。唯獨靜坐，能把自性中的佛法僧三寶修行成功──這是無漏的功德，不怕風雨，不怕劫火，永遠存在，所以無相功德勝於有相功德千萬倍。

★敢怒不敢言，也是發脾氣。

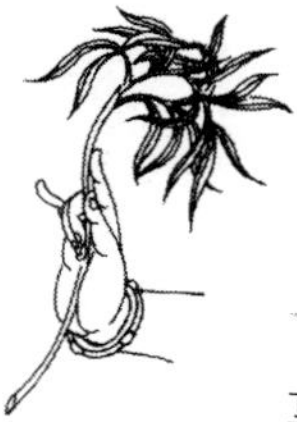

★修道人要用德行來感化人，不要用勢力來壓迫人，對任何人要講道理，令人心服口服。

★管理大眾的飲食，調和恰當，就有功德。若是調和不好，馬馬虎虎，也是有罪過。合乎法度，就是功；不合法度，就是過。愛惜食物，就是功；糟蹋食物，就是過。

★這個中道，沒有喜，沒有怒，沒有哀，沒有懼，又沒有愛，又沒有惡，更沒有欲，在喜怒哀懼愛惡欲七種感情上，沒有波浪；那麼在內則沒有妄想，在外亦沒有貪求，內外身心都清淨，這種境界就是性定。

★七情好像海中的波浪。若是白浪滔天，可能將船打翻；若是風平浪靜，船則平安抵彼岸。修道人首先將七情認識清楚。不是知道七情的道理，就算完了事，而是要控制七情的引誘，調伏七情的作怪，如果不被七情的境界所動搖，那就是性定。

★事情來了，應付一下，不要存攀緣的心。事情去了，不留痕跡，心淨如洗，要曉得

三心了不可得的道理，明白之後，依法實行，才是真正懂佛法。

★ 學佛法最忌諱有始無終，半途而廢，前功盡棄，不可中道自劃，停止前進，始終到不了寶所。

★ 切記！切記！無論做什麼事，要有始有終，不要為外境所搖動而退失自己的志願。發願立志如金石，不要為逆境和不如意所動，而忘失菩提心。

★ 因果是絲毫不爽的。學佛法，就要相信因果，不可錯因果，更不可撥無因果，當知因果是萬世不變的定律。

★ 我們大家共同住在萬佛聖城，要互相尊敬，互相援助，不可袖手旁觀看笑話，不可隔岸觀火說風涼話，要學菩薩的精神，看見眾生在水深火熱中受苦，等於自己受苦一樣，設法令眾生離開苦海。

★我們要知道一點，就去行一點，積少成多，集沙成塔，功到自然成。

★不可辜負大好時光，不可辜負師長的期待，要勇猛精進，來修無上道，早成佛果。

★在佛教中立功立言，方為真佛子。

★從迷的境界回來，就是覺悟。

★修道人絕對不可動肝火，一切忍可於心，所謂「無明火燒盡功德林」，大家千萬記住這一點。

★諸佛菩薩有「施恩不求報，與人不追悔」的思想，有無緣大慈，同體大悲的行為，因為這樣的修行，才獲得超人的智慧，難思的神通。

★人人都知道三界無安，猶如火宅，可是還捨不得離開三界；明明知道三界痛苦萬

分，還要留戀在三界火宅中，也不驚慌，也不恐怖，悠哉遊哉，自得其樂。

★無論在什麼地方，都應該供養三寶，不要挑三寶的錯，吹毛求疵。若是專找三寶的毛病，那是貢高我慢作怪，根本談不上護持三寶。

★終日隨六根六塵向外跑，不能迴光返照，這就叫漏。

★什麼是你的家寶？家寶即如來藏常住真心，妙覺明性，而不是世間的有為有相的金銀財寶。

★世人一天到晚競爭奮鬥，不外為了吃飯、穿衣、財物、住處與名利，為這五物顛顛倒倒，從朝至暮也沒有一個真正休息的時間，雖然偶爾不上班做工，但在家中就上電視班、電腦班、股票班、電影班、旅行班，種種事項都在忙忙碌碌中。

★要知道《楞嚴經》就是佛的真身，就是佛、就是法、就是僧，也就是戒、定、慧。

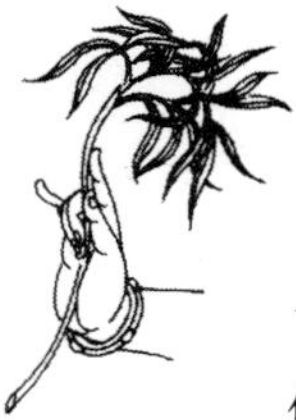

★你想恭敬佛、恭敬法、恭敬僧，先要恭敬《楞嚴經》。

★世界上三教九流，五方八德，有形形色色的行業，皆各自謀生，而不是在「謀死」。誰也沒想一想將來怎樣死法，活著是活了，但死了要怎樣死呢？沒有人想到這個問題，所以說沒有人「謀死」。

★凡事都要適可而止，不要走極端。

★在道場中作早晚課，是常住的公事，任何人不能避免的事，不作早晚課，就是輕視道場，輕視道場，就是輕視佛，輕視佛，等於輕視住持，若是輕視住持，那就不能共住。

★修行人的秘訣，就是要少吃。

★修道人若是不能改過，就等於沒有修道。

★不可將常住的東西隨便送人情，你認為有功德，其實這是盜僧伽物。與人結好，私自贈送，這種行為，是破壞道場的規矩。

★凡是所有的功德，一定要迴向法界眾生，否則就是自私。

★有《楞嚴經》就有佛法。我們為了護持佛法，首先要弘揚《楞嚴經》，能背能講，而後照著修行。

★真心遺失，就掉到苦海中，爬不出來。

★出家人，要知道在道業沒有成就之前，不可欠債。若是欠債，會把你繞住，不得解脫。尤其是這些不清淨的緣，害你拔不出腿來，得不到自在。

★每個人一生要經過生老病死四大苦，任何人也逃不出這四種痛苦。除非你修道，了生脫死。

★各位善知識！要痛念生死，發菩提心，不要再在苦海中浮沉。凡是不願離開苦海的人，便是愚癡人。

★世界上的事理，都有相互的關係，好像中國的儒、道、佛三教，都是互相幫助。儒教如同啟蒙的小學，道教如同中學，佛教就是大學。

★眾生是眾緣和合而生。所謂眾生，不是單單人，才真是眾生，所有一切有生命的，也都叫眾生。

★世界上的事情就這麼奇怪！愈沒有，他愈貪；愈有，他愈放不下來。

★生氣的人是愚人。

★富人不佔便宜；真正富貴的人，不歡喜佔便宜。歡喜佔便宜的人，都是窮人。

★我們做人是很危險的；做佛是很平安的。你願意危險，就去做危險的事情；你願意快樂平安，就去做快樂平安的事情。

★平時要學著念佛，修淨土法門，等到臨命終時，才不會驚慌失措，而得以平安往生極樂世界。

★等到死的時候，無論有多少錢，也買不了不死。

★若人能受五戒，每一戒就有五個護法善神來保護他。你若不守戒，那五位護法神就跑了，接著就來了五個惡魔。

★反求諸己，就是真認自己錯，莫論他人非。

★在前生殺生太多，或者打獵、打魚、釣魚、殺雞、殺牛、殺羊、殺狗，殺太多了，這一類的人，今生就會有很多奇奇怪怪的病痛。

★佛法沒有離開每一個人的心，所以佛法就是心法。你心裡沒有私心、妄想、狂心、野心、習氣、毛病，這就是佛法。

★精進，不是教你吃飯時精進，吃得比誰都多。做工時，做得比誰都少。也不是教你睡覺時精進，人家不睡你先睡，人家先醒你後醒。也不是教你精進求名求利，而是教你精進發大菩提心。

★無常鬼不管老少，到時候，不客氣捉去見閻羅王，所謂「陽間無老少，陰間常相逢」。

★你喜歡聽經，就應該叫一切的人都來聽經。

★違背陰陽，就生出不能治的病。

★修道就是不為自己講道理、不狡辯、不談是非。

★沒有眾生，也就沒有經典。沒有經典，就不會教化眾生成佛。

★要是有人罵我，你要向他叩頭。
無論誰譭謗我，不要為我辯護。

★給子孫留錢愈多，愈容易惹出大禍；給子孫留錢不多，反而沒有這麼多麻煩。

★不要把光陰空過了，有時間多用用功！各位都要努力精進。

★護法，不要令這個法滅了。

★無論哪一個人說法，說得好不好，你不要生一種討厭的心，不要生一種煩惱。

★年輕時不修行，等到白頭時再修行，那時就來不及了。

★心裡沒有執著，佛像隨時都是開光的；你要心裡執著，佛像開了光也等於是沒開光。

★少吃點肉類，可減少怪病。

★世間法是木本水源，應該慎終追遠、孝順父母、恭敬師長，這是天經地義之事。

★你如果不聽經，你只修行，那叫盲修瞎練。你修行像塵沙那麼多的劫，也不會成功的。

★善人有股白光，惡人則有股黑氣，所以做善做惡，自然會現出形相來。你能瞞得了人，但瞞不了鬼神、佛菩薩。

★你不聽講經，你另外看旁的書，那就是不守規矩了。

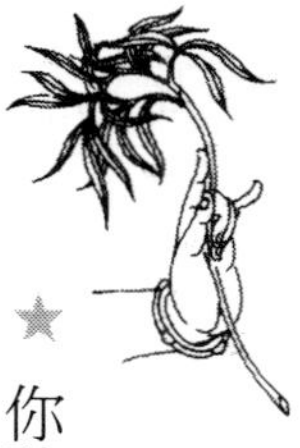

★你聽經聽不懂才需要聽；你若聽得懂就不需要聽了。

★什麼叫山？就是我們的貢高心。
什麼叫海？就是我們的自卑感。
你有貢高心，就是有高山。
你有自卑感，就是有大海。

★為什麼人要韜光晦跡，這可用蠟燭做比喻，蠟燭能放光明，但是若常常點，也會油盡燭枯。若等到用時才點，不用時不點，就可用得很久。

★佛放光是為照破眾生的無明。

★弘揚佛法是大家的事，唯有大家分工合作：有錢出錢，有力出力，努力團結一致，才能令佛教興盛起來。

★吃肉欲念多、妄想多，不容易得定。不吃肉則少欲知足，沒有那麼多的妄想，因為氣血清而不混濁的緣故。

★會念經的人，不但會念有字的經，也會念無字的經。如果會念無字經，才是真正明白佛法的人。

★究竟什麼是無字經？就是「一念不生」。你能一念不生，自然歸於空寂。

★有句世俗人說的刻薄話：「出家人不愛財，多多益善。」我們出家人應該反省，應該檢討，是不是有這種思想？有則改之，無則勉之。

★你念一句佛，蓮花就長大一點，你念念都是阿彌陀佛，蓮花就大如車輪，等你生在西方極樂世界，你的一靈佛性，一靈真性，就投到蓮花去化生。

★娑婆世界，是萬苦交煎，萬惡充滿，互相勾心鬥角，沒有一個平安的時候。在西方

極樂世界，就無煩惱和問題發生。所以我們要求生極樂世界，親見阿彌陀佛，蓮華化生，得到不退轉的果位。

★有很多人形形役役，早起夜眠，為的是什麼？究竟是為我忙？為你忙？還是為他忙？這個問題，我相信很多人都解答不出。

★要曉得「君子謀道不謀食」。

★在佛教裡，對人對事，都要本著慈悲喜捨四無量心。不要公報私仇，不能因為你與某人不和便吹毛求疵，故意找他的毛病，必定要用直心無恩怨、不偏私的心來主持公道。

★敲木魚有節奏，便有功德。若敲木魚有脾氣，或敲太大聲，或太小聲，便有罪過。

★因為人夙世有業障，時間到鬼就來討債。也因為這個人的陽氣不足，陰盛陽衰，故

鬼能得其便。你若能常常無煩惱，智慧現前，鬼便無隙可乘。

★老實念佛，就是無論行、住、坐、臥，只知道「南無阿彌陀佛」六字洪名。假若水流知是水流，風動知是風動，或東張西望看各處有什麼動靜，這就是不老實念佛。

★人若光芒露得太顯著，是愚癡的行為。

★生命不是錢，而是無價寶，不能用錢買賣。但一般人卻將自己的生命在世上賤賣。為了錢而甘願犧牲生命。社會上的三教九流，五方八德，無不為了錢而出賣靈魂，出賣生命。

★大公無私的淺釋，就是沒有自私，沒有自利，也就是沒有欲念，對於財色名食睡五欲脫離關係，不貪不愛。

★因為前生修行，所以今生一切安順，如果今生再修行，來生一定比今生還要好。如

果不修行的話，來生絕對不如今生。來生是順或是逆，完全由你自己來決定，佛菩薩也幫不了這個忙。

★ 一碗肉湯裡面含藏的怨恨，似海般深，說不盡的。

★ 肉裡頭含有一種濁氣，因為它是由一種很污濁的東西生出來的，所以人吃了不容易持戒、不容易開智慧、不容易證得三昧。

★ 學佛沒有看得那麼重要，家庭卻看得那麼重要。總是說：「我要負我的責任。」到你死了，誰來負你的責任？簡直不懂得算術。

★ 修行不是說做早晚課才是修行。平時的一舉一動，一言一行，皆要合節奏，合規則，因為我們每個人自性，皆有自己的「音樂」。

★ 就因為你心不平和，故要假藉外邊的音樂來平衡自己。若心能平和，時常洋溢著一股祥和之氣，那就是真「音樂」。

★ 你們既已到了寶山，不要空手而歸！

★ 不要因訕謗便起怨恨之心，應該冤親平等，一視同仁；否則怎樣表達無生法忍的慈悲力量呢？

★ 我們每天要反省，是為自己打算的時間多？還是為他人打算的時間多？或為道場打算的時間多？這樣迴光返照，便知「我執」破了沒有。

★ 再反省自己有沒有忍辱的功夫。如有人無緣無故罵我，或打我，能不能忍受？是否發脾氣？或者有報復的心理？若有的話，則我執尚未破。

★ 奉勸有錢的人，多行功德事，濟世救人，功德無量！

★有人心中起妄想：「我到老的時候，會不會餓死？會不會凍死？」這是沒出息的想法。

★各位要知道！就因為捨不得，不肯布施，沒有同情心，不知憐憫，所以才在輪迴中旋轉不已。

★在《金剛經》上說：「應無所住而生其心」，要有一個地方那就是「住」。無所住就是不思善不思惡，就在這個地方上用功。要是注意在一個地方，想好想不好，這都是執著。

★有的宗教，主張世間一切是受神的支配，既然是受神的支配，那麼，造善造惡與自己就沒有關係。但到時候受果報，還是要自己去受，神幫不了忙，可見這是不合理的道理。

★我們眾生的心，就是開關，把心的開關打開，佛光就亮了；若心的開關不開，就是

有佛光，也照不到。

出家人應該共同住在大叢林，互相用功辦道，互相警惕策勉。單獨住在小精舍裡，願意不用功，沒有人管；願意吃好東西，沒有人管；願意吃一點肉，喝點酒，都沒有問題。居士們以為這是功德，其實是幫助那些出家人下地獄！

你吃什麼肉，身體就由那些肉的因緣而生存，久而久之，就變成那種東西了。就因為你體內的那股氣都變成豬氣、牛氣了。血也變成那個血；氣也變成那個氣了，所以肉也變成那個肉了。有智慧者應深思之。

切不能到處說人這樣不對，那樣又不對，這是錯因果。

若問菩提心像個什麼樣子？本來它是無形無相，只是個覺道。

各位認真想一想，一切的問題和煩惱是怎麼來的？都是我執在作怪。

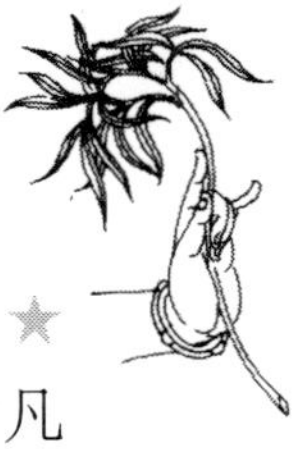

★凡是出家人，要有高尚的人格。要出乎其類，拔乎其萃，不要做個同流合污，混吃等死的出家人，令佛教暮氣沉沉，沒有朝氣。

★在家居士為什麼不能受人供養？因為你沒有出家，不是三寶之一，不能自己別開生面，創立一個新的「四寶」……。

★很多人不單不知道三寶是什麼，還有些居士要設立四寶。不是居士們供養三寶，而是要三寶來供養居士。不久會發明五寶、六寶、七寶啦！這不是末法的現象是什麼？

★不要殺生！一切眾生，自無始劫以來，皆為我的父母親友眷屬。前生的父母造了罪孽，今生可能墮為豬、馬、牛、羊，假如你恣情宰殺畜生，就等於間接弒害你的父母。

★我們要順其自然去生長，合乎生理的程序，切不要亂吃亂喝，或亂講話，或者飲酒

食毒藥，乃至亂看、亂聽、亂嚐、亂嗅、亂觸、亂想，這樣就會損害你的身體及靈性。

★如遇到是非人，專造你的謠言，無論如何冤枉你，說些無中生有的話，要忍！這是往昔的業債，今生來討債，不可抗債不還。債還清之後，自然海闊天空，無煩無惱，無憂無愁。

★不爭、不貪、不求、不自私、不自利、不妄語，這六大宗旨，就是斷欲的法寶，令你獲得真正的智慧。

★並不是打坐或拜佛才是修行。吃飯、穿衣、乃至一舉一動皆是修行。

★修道人，要有「祇問耕耘，不問收穫」的心理，無論做什麼事情，盡力而為之，不管後果如何。

★你若能終日不說一句廢話，不打無謂的妄想，能把自己的心調得安穩泰然，無拘無束，無罣無礙，無人無我，無是無非，你說這不是音樂是什麼？

★自大就是「臭」，臭氣熏天，誰敢接近你，大家都掩鼻而過，不敢親近！

★楞嚴大定，不是說我打坐才能練出來。你在行住坐臥，皆不被境界所轉，不被外境所動搖，不被妄想所干擾，這就是定。

★我們人不須怕窮根，窮根不會障道，就怕有魔根。魔根就是邪知邪見，若有了邪知邪見，無論修什麼法門，絕對不會相應。

★如果被八種風「稱、譏、苦、樂、利、衰、毀、譽」一吹，心就動搖了，那是你的地基沒有打好。

★青年人不要讓骯髒東西圍繞自己，應該「凍死迎風站，餓死挺肚行」。作疾風中之勁燭，烈火裡的精金，什麼也不怕。

★專心學佛的人，不論旁人講得好或不好，他都是注目凝神，洗耳恭聽。不注意的人，便睡覺去了。這是考驗，把真與假都鍛鍊出來了。

★財也大，產也大，後世子孫膽也大，
天下事兒都不怕，不喪身家不肯罷。
財也小，產也小，後世子孫膽也小，
些些事兒自完了，子孫產小禍也小。

★其實人世間的成功，就是聖賢的失敗，所以賬應該特別分析清楚，做一個真正的明白人。一明白，永遠明白，打破生死關，跳出輪迴圈，這樣才是大丈夫的能事。

★君子求諸己，小人求諸人，小人儘向外找。

★我們人生生世世流浪於苦海中，想要修行又捨不得邋遢東西，始終不願自己清淨，去塵累，這真是可憐！

★「助人為快樂之本」，當你常常把幫助別人看得就像幫助自己那麼重要，這世界就會很和平。

★一般吃齋的，做成雞鴨魚肉，還是沒能忘情於肉味，總想試一試，就是吃假的也解饞，也能把饞蟲騙一騙，所以佛教裡這種風氣，一定要改善，不改善這種風氣，久而久之就沒有出家人吃齋了。

★我認為吃齋的人，齋菜裡連雞鴨的名字都不應該提。我希望每一個佛教徒都應該有擇法眼，要認因果，不落於因果裡。

★吃齋的人，要吃清淨，不要還不能忘情於肉。人用這畜生或者小鳥，雖然是做假的，但等於污辱佛教一樣，佛教徒對於這個也是習焉不察，馬馬虎虎的就叫它過關

了，根本這就是沒有智慧，沒有擇法眼，沒有把因果弄清楚，還是糊裡糊塗的。

★殺畜生時，畜生在心中，也存一種冤毒。牠臨死時，心生出恐怖感、仇恨感、報復感，所以從牠性情中湧出怨恨仇憤感，而生出一種毒。人吃眾生肉，就是在吃毒呢！

★人遇飛災橫禍，多因亂講話而起。

★世上的事，就是這樣微妙。真的很少人認識。好像賣假藥的生意，非常興隆；但賣真藥的，反而沒有生意。為什麼？因為沒有人真正認識它的價值。

★如果我們能將佛經都翻譯成各國的語言文字，把佛法播送到每個人的心裡，這才是永遠的。

★為什麼住小廟不好？因為住在那兒太無拘無束。不要觀自在，而是吃自在、穿自在、睡自在、行自在，很容易忘了修道。每天只懂得攀緣，這習氣是破壞佛教的致命傷。

★有人懷疑：是否有閻羅王和無常鬼？這要看你能否不死？你能不死，就沒有無常鬼。你若覺得很有把握，不受果報，那就沒有閻羅王。

★定力就是動靜不二，動的時候，不被境界轉，這就是靜。靜時，不被妄想所擾，這亦是動。你能修得動靜皆是一樣，功夫便打成一片。打成一片，不是動，也不是靜，不是空，也不是有，這就是中道。

★我們不要歡喜聽讚歎話，不要自我陶醉，自吹自擂。

★你若是能懺悔，能改過自新，知道自己的錯誤，解開罪業這個結，那罪孽就消滅了，就沒有了。就好像你有病的時候，出了一身汗，漸漸地這病就會痊癒了，病就沒有了。

★在這個時代，我們人給它取個新名詞，叫做「太空時代」。究竟什麼叫太空？太空是把一切看破、放下，得到自在。

★你執著一切的物質、財產，甚至執著吃的、喝的、穿的，亦就是執著財色名食睡，這就是沒「太空」，叫做「太有」。

★到什麼都沒有了，那時就恢復本來面目。

★為什麼沒有智慧神通？就因為儘到各處去撿糞，鑽石黃金你不要，本有貴重的東西，你都不要，把它糟蹋了，自己還以為很聰明呢！實在是愚癡得不得了。

★如果有過不改，把它藏起來，不叫人知道，那才是罪上加罪。

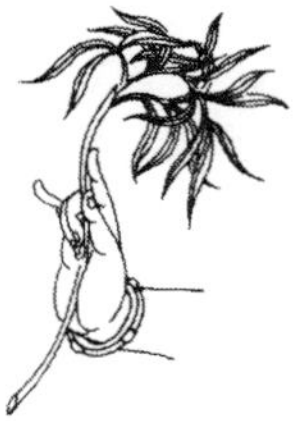

★世界上若無《楞嚴咒》，妖魔鬼怪則會肆無忌憚，橫行於世。但世界上若有《楞嚴咒》，則旁門左道、魑魅魍魎、山妖水怪，都還有所恐懼，不敢公然出現於世。

★修道不發願，等於開花不結果的樹，無有是處。

★我們一生所遭所遇，都是往昔業力所造成，現在要改變我們的命運，必須多做功德事。

★佛沒有瞋恨心，魔卻有瞋恨心。

★魔是怎樣成魔？是由恨怨惱怒煩五毒所成就的。

★你們要立大志，要做大事，不要想做大官，賺大錢。那是為自己享受，對世界人類沒有貢獻。

★上廟燒香，認為燒香越多，功德也就越多，其實這是錯誤的觀念。給佛上香，表示恭敬之意，只要虔誠上一支香就夠了，何必上很多支呢?如果心不誠，無論上多少香也沒有感應，佛並不是嗜好香氣的。

★佛教不是提倡燒紙錢的宗教。

★你們將過去所翻譯的經典，重新整理，務必正確詳實，契合佛意。這是我的願力，希望你們共同努力，完成這個使命。

★瞋好像水變成冰，我們要把冰化成水，水能利益萬物。

★出家人要嚴守行住坐臥四大威儀。所謂「行如風，坐如鐘，立如松，臥如弓。」

★太過不是中道，不及也不是中道。修行就要修中道，佛就講中道了義，不落於空，不落於有。

★你沒有戒力，就沒有定力；沒有定力，就不發生慧力。好像你基礎打不好，就立柱子，那個柱子就不會堅固，那個牆就房倒屋塌的，一點用也沒有。所以戒定慧這是缺一不可的，這叫三無漏學—戒定慧，我們要特別注意這一點。

★你念「南無阿彌陀佛、南無阿彌陀佛」，這只有一個「南無阿彌陀佛」，沒有其他的妄想，這叫以毒攻毒。你如果有很多妄想，那毒太多了，一定死的。

★我們要養氣，不要生氣。

★你以為看電視、聽電話、聽收音機、玩電腦這是很好的。不知這個令心肝脾肺腎都受傷了，將來搞得人都不是人，鬼也不是鬼了。那麼這樣子，這個世界就該壞了，所以我們人就生在這個眾生無福難調治的時候，是不容易教化的。

★這五蘊只是一種陰氣，這陰氣也可以變成陽氣，陰魔也可以變成陽魔，就看你會不會用。

★一定要嚴持戒律，很精嚴的，這是很要緊、很要緊的。

★講經要講扼要，莫囉嗦，所講一定要與經意有關連，切不可帶筆記上台。

★現在全世界到處都講氣功，可以說是一種時髦的東西。可是這個氣功裡邊有很多分別，有真的、有假的、有正的、有邪的。要是中邪了，就會發神經。發了神經，心理醫生也醫不好你。

★不要見著學氣功的，就以為這都是正的。學氣功，想要賺錢的，想要發財的，這都是邪的，和利欲薰心那種人，沒有分別。

★「氣功」，這是名實不相符的。「氣」是沒有知覺的，所以它根本就沒有「功」，應該叫它「神功」、「鬼功」、「魔功」、「妖功」。神功就是「神而明之，存乎其人」，保持一個正念，用他的精神去以神御氣，所以這叫「氣功」。但「神功」

也是在心意上用功，還沒達到究竟變化的境界上，它仍有所著相而生。「神功」是以「神」來支配這個氣，並非以「氣」來支配神，當神功來了，它不會亂蹦亂跳的，不會哆哩哆嗦的，神功是較斯文的。而「鬼功」來了，它就會蹦蹦跳跳、顫顫驚驚、哭哭笑笑的，也就是一種「五鬼搬運法」。把鬼放出來跑到人身上去，飛精附人，胡說亂講的，因為鬼功本身沒有定性定力。而「魔功」及「妖功」都是不講理的，驕慢害人，專門行淫欲，都是一些妖魔鬼怪現前來的。

★ 現在的氣功，都有股邪氣，本來它應是正氣，禪悅為食，法喜充滿，是一種禪定的功夫。現在氣功在那兒氣得都狂了，你也顫顫抖抖的，我也顫顫抖抖的，哆哩哆嗦的是邪氣，定力沒有，散亂心發出來還以為自己發功，有了靈感，其實都在那兒發神經。你們看發神經才在那兒哆哆嗦嗦的。

★ 我有兩句話可以批評氣功：「正人行邪法，邪法也是正。邪人行正法，正法也是邪。」不正即邪，不邪即正。

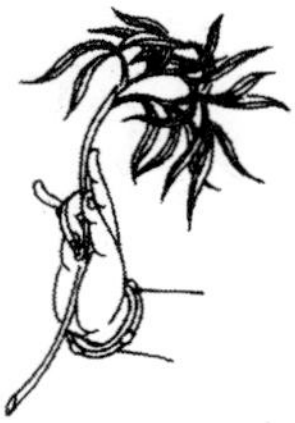

★因為這個牙太硬，所以硬得那麼利，牙就掉了；舌頭是軟的，所以每一個人都是掉牙，沒有掉舌頭的。

★今天很多人為這身體做奴隸，給它住好房子，買好汽車，被物質所支配了，自心裡真有快樂嗎？

★愈是老年人，我愈願意照顧。

★你能把饞鬼、懶鬼、睡鬼都攆跑了，這便是坐禪的初步功夫。

★只知有人，不知有己，到了這種程度，才算是認識佛法。

★念觀世音菩薩，要隨時隨地的念。換言之，行住坐臥，都可以念。口念心念，有同樣的功德，不要起分別心，一切隨緣。

★等死的時候，想念觀世音菩薩，也沒有機會了。所以說：「但念無常，慎勿放逸。」

★相會是有緣人，何必爭爭吵吵，多沒有意思！

★真正參禪的人，就是真正念佛；真正念佛的人，就是真正參禪。

★脾氣大的人，一天到晚好像頭頂上冒煙，氣沖沖的。這是缺德之表現。

★所謂「善惡兩條道，修的修，造的造。」是道則進，非道則退，擇善而從，在大冶洪爐裡鍛鍊，鍛鍊成金剛不壞身。

★你想立德、立功、立言，就要根據六度去做。六度就是布施、持戒、忍辱、精進、禪定、般若。

★這是紙糊的世界，可是一般人就把仁義道德都忘了，就貪這紙糊的一張紙，以為這

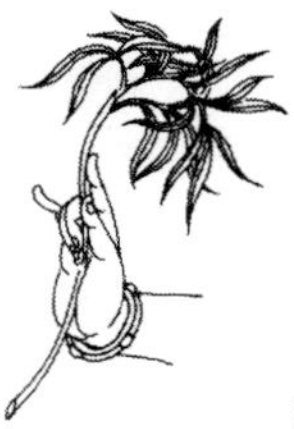

是真實的。你說愚癡不愚癡？

★我們坐禪，就是收一收「放心」。就是心跑了，我們要往回找一找這個心。

★誰要注重神通之人，這個人是最無知識的。

★人人不生煩惱，就得到寶貝。

★你要防你自性裡邊的無明火。這個無明火，就像老虎生氣似的，這是前生的罪業根。

★防內裡邊的無明火，內裡面沒有無明火，外邊的火就燒不著你。

★眼、耳、鼻、舌、身、意，這是六賊。這六賊不會用，它是賊；你要會用，它就變成護法了。

★人養狗、養雞，牠們要跑到外面去了，我們都會各處找一找，找雞、找狗，可是心跑了，就不知去往回找，捨本逐末，把根本忘了，把末梢撿起來了。

★今天傳授你們一個要訣，什麼要訣呢？就是在緊急關頭的時候，保持鎮靜，不可緊張。將生死置於度外，一心念觀世音菩薩，一定會化險為夷，度過難關。

★真正修道人，若專心念觀世音菩薩，即得三昧。三昧的境界，再冷的天不冷，再熱的天不熱，再渴不渴，再飢也不飢。就有這樣的妙，妙不可言。

★所謂「不生煩惱莫疑心，總要管己少管人。多認不是少爭理，安然清淨智慧生。明心沒有礙難事，見性哪有憂愁心。佛光不是不普照，憂思恨怨心攪昏。」能按照這幾句話去做，一定得到特別的感應。

★念觀世音菩薩，要學觀世音菩薩那種大慈大悲、大喜大捨、大智大慧、大願大力。

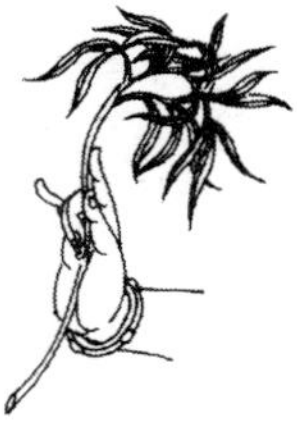

★你想得到自在，一定要掃三心空四相。三心就是過去心不可得，現在心不可得，未來心不可得，所謂「三心了不可得」。

★為什麼在聖人的地位，就能自在？因為聖人，沒有人相、我相、眾生相、壽者相的緣故，所以能得到自在。

★我們為什麼迷而不覺？因為中了貪瞋癡的毒太深，所以不覺悟。

★正法時代，人人要修行。末法時代，人人不修行。若是人人能修行，末法變正法。

★所謂「起惑、造業、受報」，這是因果的定律。

★由生到死為一生。這個身體，好像水上的一個水泡，浮在水面，在那漂來漂去，是虛妄的，沒有真實性，剎那間，就不存在。何必留戀它？何必執著它？

★要知道：不求道，不能出迷途。若想出迷途，就要修道。

★人的生命無常，事業無常，富貴無常，所謂「樂是苦的因」。世界所有的樂，在裡邊都有苦。

★人為什麼不能專心念觀世音菩薩？就因為沒有都攝六根，沒有駕馭眼耳鼻舌身意六賊。所以它們興風作浪，引起妄想紛飛，不能安分守己，而到處找麻煩。

★若想覺悟，必須坐禪。坐禪不迷，乃是出離三界的道路。

★出家人因為忽略讀經的重要性，所以一代不如一代，養成好吃懶做的習慣，這是佛教之不幸，如果再不及時糾正這種錯誤觀念，那麼佛教的前途就不堪設想了。

★你應為整個世界來念菩薩名，令世界沒有災難，所以一切皆不為自己著想。

★天地間所以能生生不息，化化無窮，就因為有佛性；若沒有佛性，一切都毀滅。

★眾生究竟從何而有？有人說從猴子，但猴子又從什麼變的？若以前猴子可變人，為何現在就不能變人？奇怪！

★有些人若是一天不講是非，好像一天不能活著；一天不打妄想，好像沒有吃飯一樣的不自在。一天到晚，要靠講是非、打妄想來生存，你們說怪不怪？真令人費解。

★現在修行人，喜歡單獨住精舍。為什麼？因為他不守戒律，沒有人看見，犯規矩也沒有人知道。能夠隨心所欲，沒有人管，自由自在，可以說無拘無束，可是有罣有礙，自己在精舍中召來一班居士，來做個甚麼法會，實際是倚佛穿衣，賴佛吃飯而已。

★誦持《大悲咒》的功德，不但能退盜賊，更能消除百病，平諸魔難，所以我們應該誠心誦持。

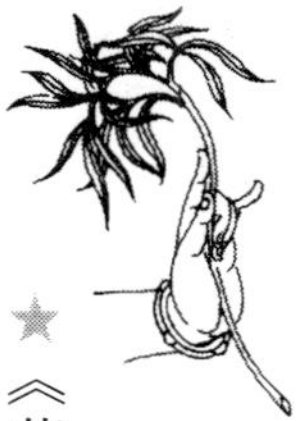

★《華嚴經》所在處，就是佛所在處，如虛空祥雲遍照三千大千世界。

★「君子有造命之學，命由我立，福自己求。」你諸惡不作，自然，那個不好的命運，也會好了；你要諸善不作，諸惡奉行，你那好的命，也會不好了。所以這是活動的；不是那個命運能把人捆得緊緊的，沒有自由的地方。所以不要迷信。

★師父領進門，修行在個人。

★這個淨土法門，是對一切眾生很對機的。所謂「用力少而成功多」，用的力量很少，而成就卻很大，這個法門既契理又契機宜。

★這個BUDDHA（佛陀）聽上來就是「不大」，佛並不是比人大，也不比人小，所以不大不小就是佛。

★修道的人，不可以爭，譬如拜佛來早的人，應該站在前邊；來晚的人，應該站在後

邊。來晚的人不能說：喔！我穿著袍呢，前邊那個人沒穿著袍，我把他攆走了，好站他這個位子，這就叫爭。

★ 做父母是還債，做子女是討債，眾生都不明白，還以為這很好玩的。

★ 來時兩手空空，死時也是兩手空空，帶也帶不去，留也留不住。

★ 猶太教就是佛教，天主教也是佛教，不過換湯不換藥，換名不換意。我拿什麼宗教都不是宗教，認為只是人性的變化。所以我見到什麼宗教，我就是什麼宗教，我沒有自己的宗教。

★ 這個「忙」字是豎心旁一個亡字，恰好和忘記的忘字一樣，下面一個「心」，上面一個「亡」，忙得心都死了，忙得忘了有個真心了。

★ 修行要怎麼樣呢？先要去欲斷愛。就是人與人之間，也不可以太遠，也不可以太

近。你太遠了，這是沒有人緣；你太近，又感情用事，也不能修行。

★修道不是戴假面具，不是裝模作樣，專給人家看。修道全靠自己用功夫，便有一分收穫；拿出一分誠心，則有一分感應。一切一切，都要真實不虛，切勿自欺欺人。

★想要救世界，不是原子彈，也不是氫氣彈，也不是死光，這些東西都是毀滅世界的。想要救世界，只有在中國的文化、道德、孝悌忠信禮義廉恥，這八德是救人的靈魂的一種靈丹，也是救人生命最有效的一種藥方。

★世界真正的絕症，是教育破產。

★有的人說：「我是真佛。」喔！真佛，那假佛是誰？譬如總統，他沒有說：「我是個真總統啊！」那誰是假總統？以此類推，凡事有真，這裡頭就有問題了。

★眾善奉行，就是要你修清淨行。你若不清淨，這就沒有善了；你若清淨，這就是

善。

★吃齋吃個蛋沒有關係！沒有關係，等你當雞去的時候，就知道是直接從吃雞蛋而來的。

★倘若你不能斷慾去愛，你就是出家了八萬個大劫，也只是在佛教裡混光陰，吃造業飯。

★樹若沒有根，一定會乾枯；人若沒有根本，一定會死的。

★無論什麼人有何病痛，都有冤業債主來找你。為什麼人生病？它也是給人說法，叫你能知這身體是苦的，生老病死苦，隨時都會來找你，給你打一電報，打一電話，或給你一封信，告訴你，不單會病，將來還會死。

★有生就有老、病和死，叫你知此生老病死的苦，要準備如何能了脫生老病死，不被

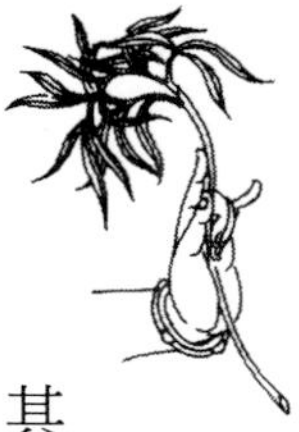

其氣數所纏縛，所以無論有何病，都是叫你發菩提心，生覺悟心，看一切都是無常、苦、空、無我，若能如此，病也是一好東西。

★懂佛法的人，是不要爭，不要貪，不要求，不自私，不自利，不打妄語。什麼五眼六通，七扯八拉的，這一套完全是在緣木求魚呢！

★我們每一個人要把《楞嚴經》讀熟，背得滔滔不斷，一定會辯才無礙，開大智慧。

★現在末法時代，白衣居然也受人的供養，也來弘揚佛法。所謂白衣就是在家人，在家人也居然給人念經，給人超度，向人家去收錢，指佛穿衣，賴佛吃飯。

★鬼只是吃東西的「性」罷了，並非真需要金錢和食物，你有錢可以做點功德迴向給亡魂，若買些紙汽車、紙飛機、紙公仔‥‥等等來燒的話，那真是糊塗到極點的人。

★ 燒了紙錢變成了灰，變成了灰，我怎麼知道有沒有效用？如果說燒了有效用，那西方人沒有燒紙錢，難道他們都是窮鬼要飯的？所謂「西方無窮鬼，東方無富神」。

★ 我這一生，不願參加趕經懺、放焰口、打水陸，因為我沒有德行，道不足以感人，德不足以化人，自己還沒超度好自己，怎麼去超度亡魂？所以我是沒有那麼大的膽量的。

★ 念佛法門，老年人來日無多，正好念佛；少年人，來日方長，正應該念佛；中年人，把世間的事情都經驗得很清楚，也應該念佛。有病的人，不知道哪一天無常就來了，也應該念佛；沒有病的時候，趁著這時身體健康，也正好念佛。

★ 我們每一個人，都要正心修身。正心，就是不亂打妄想，不想不正當的事情，那麼鬼就不來了。好像有一個餓貓的碗在這兒，很多蒼蠅就會來吃，因為它邋遢。你若沒有這個貓食的碗呢？那些蒼蠅就不會往這兒落了。所以你內裡邊有什麼，外邊就招什麼；這不是從外邊來的，而是你內裡請來的。

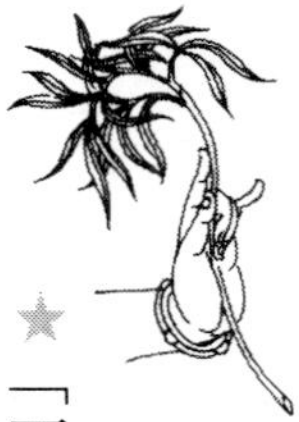

★「不受魔，不能把紅塵看破；不受苦，你怎能有決志真修。」人不要聰明反被聰明誤，以為自己什麼都懂，其實都不懂，境界一來，就被轉得手忙腳亂。

★你們受戒後，必定要做佛教的使者，佛教的隊伍，佛教裡的大將軍，佛教裡的大英雄、大豪傑，不能再馬馬虎虎，跟著自己的臭習氣跑，終日嘻嘻哈哈，一點也不像受了戒的樣子。

★不要散亂，見到人就和人打招呼，完了，自己就不用功修行。要懂得修行，說太多話是不好的，富貴的人，不講那麼多話，講那麼多話是很賤的，賤就是沒有價值，所以說「貴人話語遲」。

★在因果律上，犯邪淫者最嚴重，其懲罰尤為凌厲。根據因果律，一個人生前曾邪淫多少次，死後就會有把大鋸子，把人從頭頂鋸到腳尖多少次，生前結婚一百次，死後便分開一百次。

★我們人都因為沒能看得透，又不能放下，就在這個有為法、無為法，有相、無相之中，糾纏不清，認不清楚，所以就拖泥帶水，在這個輪迴六道裡頭，生死相續。

★你讀《楞嚴經》是開智慧的，你讀《法華經》是成佛的。開慧的《楞嚴》，成佛的《法華》。《華嚴經》是歸元的，人人無不從此法界流，人人還歸此法界。所以要選擇那一部經我們覺得喜歡的，這叫對機。對機，你就研究下去，不要天天掛著去找錢，把佛法都忘了。

★我們人生第一件大事，就是能皈依三寶。

★皈依三寶，是要憑真誠兩個字，沒有真誠，你就是那麼敷衍了事，苟且塞責，這是沒有感應的。

★你每天一早，在醒來之後，要對佛前發這四弘誓願，這是每一個菩薩都應該發的誓願。晚上要檢討，問一問自己，「眾生無邊誓願度」，我度了沒度呢？「煩惱無盡

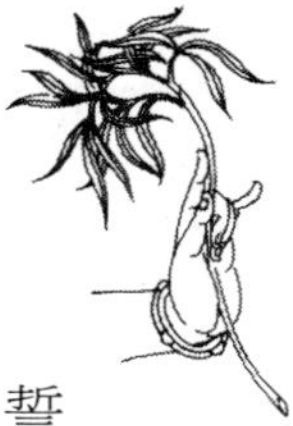

誓願斷」，我斷了沒斷煩惱呢？我如果沒有度，我要度眾生。沒有斷煩惱，我要斷煩惱。「法門無量誓願學」，我學了沒學呢？沒學！我應該學無量無邊的法門，我忙裡偷閒也要讀點經典，看看佛書之類的。「佛道無上誓願成」，我現在還是個凡夫，還沒成佛，我要趕快修行，才能成佛的。

★我們學佛的人，不要跑空路，跑了一輩子佛教的道場，然後是一無所得。經也不會講，佛也不會念，懺也不會拜。

★要尋訪善知識，就是在出家人裡頭，也是龍蛇混雜，分子不齊，你誤入旁門左道，那害處大；你誤投到邪師說法裡頭，這害處更大。

★在廟上講話，應講一點佛法的事情，不要儘講張家長、李家短，是是非非的，又什麼三隻蛤蟆六隻眼睛的。儘講這個，就是越講越墮落，越墮落，越不容易學習佛法。為什麼你誦咒總也記不住？就因為你太散亂了。為什麼你誦經總也記不住？也是因為你太散亂了。

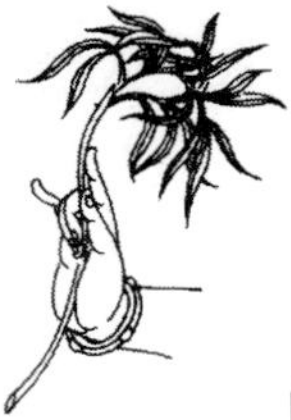

★會聽，我就是罵人，你聽得也是妙法；我打人，你覺得這是當頭棒喝。你若不會聽，我就是用什麼力量來加持你、幫助你，那也是格格不入的。

★要我上天也不難，教化美國人最難；
要我下地也不難，教化美國人最難；
要公雞下蛋也不難，教化美國人最難。

★你不要以為人家給你叩了幾個頭，你就了不起。給你叩了幾個頭，你要問問自己，看看自己有沒有道德？有沒有智慧？是不是值得人家來恭敬你？崇拜你？要常常迴光返照。

★供養出家人，要有擇眼法，要供養清淨修行的出家人。

★佛說三藏十二部的經典，無非是教人破執著。可是我們偏偏不聽佛的教誨，要做佛的叛徒，總是執著一個「我」。

★我來的時候，什麼也沒有，走的時候，還是什麼也不要。在世上，我不要留什麼痕跡！我從虛空來，回到虛空去！

法界佛教總會簡介

宗旨

法界佛教總會，前身為中美佛教總會，創辦人——上宣下化老和尚一九五九年創立於美國。本會以法界為體，以將佛教的眞實義理，普徧傳播到世界各地；以翻譯經典、弘揚正法、提倡道德教育、利樂有情為己任。俾使個人、家庭、社會、國家，乃至世界，皆能蒙受佛法的薰習，而漸趨至眞、至善、至美的境地。

創辦人簡介

上人，名安慈，字度輪，接虛雲老和尚法，嗣溈仰，法號宣化。籍東北，誕於清末民初。年十九出家，廬墓守孝。修禪定，習教觀，日一食，夜不臥。一九四八年抵香港，成立佛教講堂等道場。一九六二年攜正法西來，在美開演大乘經典數十部。

歷年來，除建立法界佛教總會及所隸屬萬佛聖城等正法道場二十多處外，並創辦譯經、教育等機構，法化東西方。一九九五年，上人示寂於美，而其一生大公無私，悲智雙運教化眾生的精神與德行，已感召無數人改過自新，走向清淨高尚的菩提大道。

弘法、譯經、教育

宣公上人一生之三大願：一、弘法。二、譯經。三、教育。為實現此三大願，上人本著三大宗旨、六大條款，不畏一切艱辛困苦，在西方建立道場，接引眾生，廣行教化。數十年來創辦的機構如下：

萬佛聖城、分支道場

為了弘揚正法，上人除了培育訓練人才之外，更致力於道場的建立，以期轉法輪，度眾生，提供修行人遵循佛制的清淨修持道場。歷年來分別成立正法道場多處，美加地區計有萬佛聖城、金山聖寺、金聖寺、金輪聖寺、金峰聖寺、金佛聖寺、華嚴聖寺、長堤聖寺、法界聖城、柏克萊寺、華嚴精舍、福祿壽聖寺等；臺灣地區則有法界佛教印經會、法界聖寺、彌陀聖寺；馬來西亞地區爲紫雲洞、登彼岸，蓮華精舍等道場；香港地區道場則是佛教講堂、慈興寺等。

萬佛聖城購於一九七四年，爲法界佛教總會樞紐，位於舊金山以北一百一十英哩的曼第仙諾縣達摩鎭內。佔地四百八十八英畝，已開闢使用的場地約八十英畝；其餘爲草原、果園及樹林。城中有七十餘座大型建築物，大小房間二千餘間，可容納二萬多人居住。清幽寧靜，空氣清新，是美國第一座大型的佛教道場，也是國際性的正法道場。

宣公上人雖爲禪宗溈仰派第九代傳人，但所屬道場一切作息、法會與修持，均兼顧禪、淨、密、律、教五宗的修持法門，一律平等重視，正契合佛陀所說的「是法平等，無有高下」。道場內清規嚴謹，住眾皆須嚴以律己，勤奮不懈，以正法爲依歸，過著清淨無染、大公無私、身心安樂的生活；日日講經說法，轉法輪，奉獻身心，爲復興佛教而努力。

所有的道場除了遵守佛制：「日中一食、衣不離體」外，並遵守三大宗旨：

凍死不攀緣，餓死不化緣，窮死不求緣；
隨緣不變，不變隨緣，抱定我們三大宗旨。
捨命為佛事，造命為本事，正命為僧事；
即事明理，明理即事，推行祖師一脈心傳。

六大條款：不爭、不貪、不求、不自私、不自利、不打妄語。

國際譯經學院

上人發願將三藏十二部皆譯成西方文字語言，流通全世界。故於一九七三年，在三藩市成立國際譯經學院，翻譯佛經為英文及其他語言。該院於一九七七年，合併於法界佛教大學內，成為譯經學院。於一九九一年，上人於柏林根市購下一棟大樓，為國際譯經學院永久院址，旨在翻譯經典及出版佛書。

歷年來，除了已發行中文版佛經、佛書一百多冊外，另有英文版、法文版、西班牙文版、越南文版、日文版、中英版等百多冊譯本。此外，錄音帶、錄影帶亦相續出版中。發行近卅年的金剛菩提海月刊，近幾年來更以中英雙語對照版方式刊出。

譯經這項龐大艱鉅的工作，中國過去皆由國王、皇帝主辦、支持，今日上人鼓勵弟子們共同努力挑起此重責大任，藉著書籍及有聲的出版工作，運用語言文字，轉正法輪，作大佛事。凡一切有心參與此神聖工作者，均應謹守譯經學院的八項基本守則：

一、不得抱有個人的名利。
二、不得貢高我慢，必須以虔誠恭敬的態度來工作。
三、不得自讚毀他。
四、不得自以爲是，對他人作品吹毛求疵。
五、以佛心爲己心。
六、運用擇法眼來辨別正確的道理。
七、懇請十方大德長老印證其翻譯。
八、作品在獲得印證之後，必須努力弘揚流通經、律、論以及佛書，以光大佛教。

這是上人的大願，亦是所有從事譯經工作者努力邁進的目標。

育良小學、培德中學、法界佛教大學

「教育，就是最根本的國防。」宣公上人鑑於要拯救世界，當務之急便是辦好教育；因爲想救世界，就要改造人心，使之去惡向善。故於一九七四年，成立育良小學；一九七六年，成立培德中學及法界佛教大學。在融入佛教精神的教育下，小學以「孝」，中學以「忠」，大學則以「仁義」等道德爲宗旨。

育良小學、培德中學的課程，融合現代、傳統及東西文化的優點，注重道德、精神的薰習。旨在培育出品格高尚的世界棟樑之才，以利益世界人類。學校採中英雙語教育，男女分校。學生們在校除接受一般美國中小學所必須學習的科目外，並有倫理課、打坐課、佛學課等，以奠定學生良好的道德基礎，逐步引導學生認識自我、探索宇宙的眞理。除了萬佛聖城之外，各道場亦設有育良小學、培德中學分校（週日班），將孝道及倫理道德等教育，普徧推行於各地。

以正法爲教學主要內容的法界佛教大學，不僅傳授專業知識，更注重以倫理道德爲基礎，擴展至幫助所有人類、一切眾生回歸自性的研習。故法界大學提倡共同研究、自由交換理念的風氣，鼓勵學生修學各種經典，以不同的經驗及學習層面，推動主觀智能，來發揮經典的意趣妙理；同時注重實際修持，使佛法與生活融合爲一，滋養慧命，充實德行，從中造就出品行高潔、出類拔萃的優秀人才，以利益群生。

僧伽居士訓練班

有鑑於末法時代，東西方社會普徧缺乏眞實依佛制行持、戒律精嚴的道場，以及具眞知灼見的明眼善知識，來引導有意從事佛教事業的人士。又爲了提高僧衆素質，令正法久住，造就行解並進的國際佛教人才，以續佛慧命。因此，上人於一九八二年成立僧伽居士訓練班。

僧伽訓練班爲令出家衆在佛學修習方面，能奠定良好穩固的基礎，不但訓練僧衆實際參與佛教事務，建立僧團職事概念；以期畢業後，在各道場、寺廟，及其他環境中，擔任佛教的種種職務。又特別注重學生們充實佛教教理，深入經藏；認眞修行，嚴持戒律，培養高尙德行，以弘揚正法，續佛慧命。

居士訓練班亦予居士適當的課程，使學生們具正知正見，修持佛法、研究教理，齊頭並進，了解寺院的種種規矩與禮儀，以期於佛教團體生活中發揮所能，服務人群。

齊心共進

時値末法，世風險惡，本著法界佛教總會的宗旨，本會所屬之道場、機構，皆門戶開放，沒有人我、宗教、國籍等分別。凡願致力於仁義道德，追求眞理，明心見性，利益人類的人士，皆歡迎至此，齊心努力研究，踏實修持學習，大家共同爲利樂眾生而努力。

編者的話

人的生命是短促、無常的，一息出而不入，就嗚呼哀哉了。在這短暫的人生中，倘若我們不好好地把握這難得的人身，藉假修眞去啓發本有的智慧，並教導他人，對社會、國家、人類做出有意義的貢獻，那我們豈非白來人間走這一趟了嗎?但人都爲五欲所覆，窮畢生之力追而求之，對人生的眞相反不求了解。「生從何來，死往何去」，自己完全作不得主，在生死苦海中輪轉不息，豈不可悲!

宣公上人甚深的智慧，爲末法衆生開闢出菩提大道，猶如黑暗中的般若之燈。爲裨益大衆修學參考，宣公上人弟子在數年前徵得上人同意之後，將上人自一九六二年赴美，至一九九五年在美示寂，多年來所作的開示，抽取精要，彙集成冊，曰「宣公上人語錄」。

本書共蒐集了八百條，每一條的講述，皆言簡意賅，指出修學的要點，不論是修身處世，或學道成佛，都有扼要的指導;若能依教奉行，必得其利。値此末法時期，邪師說法橫行於世，本書之現世，實有破邪顯正之意義。編者願以此書與諸行者共勉。

一九九八年農曆五月十日
宣公上人涅槃三週年紀念

迴向偈

願以此功德　莊嚴佛淨土
上報四重恩　下濟三塗苦
若有見聞者　悉發菩提心
盡此一報身　同生極樂國

金峰聖寺 Gold Summit Monastery
233-1st Avenue, West Seattle, WA 98119 U.S.A.
電話: (206) 217-9320

金佛聖寺 Gold Buddha Monastery
301 East Hastings Street, Vancouver, BC V6A 1P3 Canada
電話.傳眞: (604) 684-3754

華嚴聖寺 Avatamsaka Monastery
1009-4th Avenue, S.W. Calgary, AB T2P 0K8 Canada
電話.傳眞: (403) 234-0644

法界佛教印經會
Dharma Realm Buddhist Books Distribution Society
臺灣省臺北市忠孝東路六段 85 號 11 樓
11th Floor, 85 Chung-hsiao E. Road, Sec. 6, Taipei, R.O.C.
電話: (02) 2786-3022, 2786-2474 傳眞: (02) 2786-2674

法界聖寺 Dharma Realm Sage Monastery
臺灣省高雄縣六龜鄉興龍村東溪山莊 20 號
電話: (07) 689-3713 傳眞: (07) 689-3870

彌陀聖寺 Amitabha Monastery
臺灣省花蓮縣壽豐鄉池南村四健會 7 號
電話: (03) 865-1956 傳眞: (03) 865-3426

紫雲洞觀音寺 Tze Yun Tung Temple
Batu 5 1/2, Jalan Sungai Besi, Salak Selatan,
57100 Kuala Lumpur, Malaysia
電話: (03) 782-6560 傳眞: (03) 780-1272

登彼岸觀音堂 Deng Bi An Temple
161, Jalan Ampang, 50450 Kuala Lumpur, Malaysia
電話: (03) 264-8055 傳眞: (03) 263-7118

紫蓮華精舍 Lotus Vihara
136, Jalan Sekolah, 45600 Batang Berjuntai,
Selangor Darul Ehsan, Malaysia
電話: (03) 871-9439

佛教講堂 Buddhist Lecture Hall
31 Wong Nei Chong Road, Top Floor,
Happy Valley, Hong Kong
香港跑馬地黃泥涌道 31 號 12 樓
電話.傳眞: 2572-7644

法界佛教總會・萬佛聖城
Dharma Realm Buddhist Association &
The City of Ten Thousand Buddhas
2001 Talmage Road, Talmage, CA 95481-0217 U.S.A.
電話: (707) 462-0939　傳真: (707) 462-0949

國際譯經學院
The International Translation Institute
1777 Murchison Drive, Burlingame, CA 94010-4504 U.S.A.
電話: (650) 692-5912　傳真: (650) 692-5056

法界宗教研究院（柏克萊寺）
Institute for World Religions (at Berkeley Buddhist Monastery)
2304 McKinley Avenue, Berkeley, CA 94703 U.S.A.
電話: (510) 848-3440　傳真: (510) 548-4551

金山聖寺 **Gold Mountain Monastery**
800 Sacramento Street, San Francisco, CA 94108 U.S.A.
電話: (415) 421-6117　傳真: (415) 788-6001

金聖寺 **Gold Sage Monastery**
11455 Clayton Road, San Jose, CA 95127 U.S.A.
電話: (408) 923-7243　傳真: (408) 923-1064

法界聖城 **The City of the Dharma Realm**
1029 West Capitol Ave., West Sacramento, CA 95691 U.S.A.
電話.傳真: (916) 374-8268

金輪聖寺 **Gold Wheel Monastery**
235 North Avenue 58, Los Angeles, CA 90042 U.S.A.
電話.傳真: (213) 258-6668

長堤聖寺 **Long Beach Monastery**
3361 East Ocean Boulevard, Long Beach, CA 90803 U.S.A.
電話.傳真: (562) 438-8902

福祿壽聖寺
Blessing, Prosperity, & Longevity Monastery
4140 Long Beach Boulevard, Long Beach, CA 90807 U.S.A.
電話.傳真: (562) 595-4966

華嚴精舍 **Avatamsaka Hermitage**
11721 Beall Mountain Road, Potomac, MD 20854-1128 U.S.A.
電話.傳真: (301) 299-3693

南無護法韋馱菩薩

世紀末警鐘——宣化上人語錄（一）

西曆一九九八年十一月四日恭印

佛曆三〇二五年九月十六日・宣公上人出家日

發行人　法界佛教總會

出版　法界佛教總會・佛經翻譯委員會・法界佛教大學

地址　**Dharma Realm Buddhist Association &**
The City of Ten Thousand Buddhas
2001 Talmage Road, Talmage, CA 95481-0217 USA
電話: (707) 462-0939　傳眞: (707) 462-0949

The International Translation Institute
1777 Murchison Drive Burlingame, CA 94010-4504 USA
電話: (650) 692-5912　傳眞: (650) 692-5056

倡印　萬佛聖城
2001 Talmage Road
Talmage, CA 95481-0217 U.S.A.
電話: (707) 462-0939　傳眞: (707) 462-0949

ISBN-0-88139-016-X

● 佛典所在，即佛所在，請恭敬尊重，廣爲流通。